2021-2022
18e édition

W0350799

L'essentiel du DROIT DE L'URBANISME

Isabelle Savarit-Bourgeois

Gualino un savoir-faire de Lextenso

LES CARRÉS

Cette collection de livres présente de manière synthétique, rigoureuse et pratique l'ensemble des connaissances que l'étudiant doit posséder sur le sujet traité. Elle couvre :

- le Droit et la Science Politique,
- les Sciences économiques,
- les Sciences de gestion,
- les concours de la Fonction publique.

Isabelle Savarit-Bourgeois, est Maître de conférences à la Faculté de Droit et des Sciences sociales de l'Université de Poitiers où elle dispense les cours de droit de l'urbanisme en Master droit et en Master sciences politiques. Elle est également co-directrice du parcours Droit de l'urbanisme et de la construction (M2DUC) de la mention Droit public à la Faculté de droit de Poitiers.

Du même auteur, chez le même éditeur :

Collection « Carrés Rouge »

- L'essentiel du Droit de l'Urbanisme, 18e éd. 2021-2022.

Collection « Master »

- Droit de l'Urbanisme, 4e éd. 2014.

© 2021, Gualino, Lextenso
1, Parvis de La Défense
92044 Paris La Défense Cedex
ISBN 978-2-297-13437-8

PRÉSENTATION

L'ouvrage s'attache à présenter les rouages fondamentaux du droit de l'urbanisme et à fournir les clés de compréhension de cette discipline souvent perçue comme complexe. L'urbanisme contemporain permet aux personnes publiques de contrôler l'usage des sols (micro-urbanisme) mais plus largement de maîtriser l'aménagement urbain par des procédés interventionnistes (macro-urbanisme). Mis en œuvre dans l'intérêt général, l'urbanisme, souvent confronté à l'insécurité juridique, est un espace au carrefour de nombreux intérêts publics et privés. En raison à la fois de son objet et des buts qu'il poursuit, ce droit entraîne de lourdes sujétions sur le droit des propriétaires privés, phénomène aggravé du fait de la faible disponibilité foncière publique. Même si l'on rattache la matière au droit administratif, dont il constitue une branche spécialisée, le secteur de l'urbanisme mobilise des connaissances juridiques intéressant à la fois le droit public et le droit privé de la construction.

On observe que depuis plusieurs années, les villes sont au cœur de profondes mutations. À grande échelle, la métropolisation amène à s'interroger sur la question de la solidarité territoriale entre ville et métropole. À l'échelle urbaine, l'urbanisme vise à proposer un modèle de ville qui s'empare de préoccupations diverses : protection de l'environnement, préservation énergétique, limitation de l'artificialisation des sols, densification, rafraîchissement des villes, mixité sociale, lutte contre la gentrification, mise en place de mobilités douces alternatives à l'automobile, déploiement du numérique pour des villes intelligentes et connectées, revitalisation commerciale des villes. De par son ampleur inédite, la crise sanitaire Covid-19, a lourdement impacté le droit de l'urbanisme, projetant « *le droit face à l'impensé* » (H. Périnet-Marquet). L'espace public, tiraillé entre la densification considérée comme essentielle pour lutter contre l'étalement urbain et la nécessité de trouver de l'espace pour raisons sanitaires, a placé les collectivités publiques devant des équations complexes à résoudre. Le débat sur l'utilisation d'un nouvel urbanisme « tactique », réversible, connecté et flexible sont des pistes interrogeant le juriste. Comment penser le temporaire pour bâtir durablement les villes du futur ? Doit-on fabriquer des villes, sans recourir à la planification prônée jusqu'ici comme modèle intangible par le législateur ? On le voit, ces nouveaux enjeux nourrissent une réflexion urbaine toujours plus foisonnante, des changements de paradigme qui doivent être accompagnés par le droit de l'urbanisme. L'actualité juridique en matière d'urbanisme est, cette année encore, très dense. C'est pourquoi, la nouvelle édition intègre les lois, ordonnances et arrêts les plus importants du Conseil d'État rendus en 2021.

Avertissement

Par commodité de lecture, les articles tirés du Code de l'urbanisme seront cités entre parenthèses sans autres précisions. Pour les articles d'autres codes, l'abréviation sera précisée.

Conseils de lecture

– Auby (J.-B.), Périnet-Marquet (H.) et Noguellou (R.), *Droit de l'urbanisme et de la construction*, 12e éd., 2020, LGDJ.

– Chambord (O.), *Droit de l'urbanisme et de l'aménagement – La fabrique de la ville*, 1re éd., 2018, Berger-Levrault, coll. Les Indispensables.

– Jacquot (H.) et Priet (F.), *Droit de l'urbanisme*, 8e éd., 2019, Dalloz.

– Kalfleche (G.), *Droit de l'urbanisme*, 2e éd., 2018, PUF.

– Morand-Deviller (J.), Ferrari (S.), *Droit de l'urbanisme*, 9e éd., 2018, Dalloz, coll. Les Mémentos.

– Soler-Couteaux (P.) et Carpentier (E.), *Droit de l'urbanisme*, 7e éd., 2019, Dalloz.

PLAN DE COURS

PLAN DE COURS

PARTIE 3
L'urbanisme opérationnel

Liste des abréviations utilisées

ABF	Architecte des bâtiments de France
CDPENAF	Commission départementale de la préservation des espaces naturels, agricoles et forestiers
CU	Certificat d'urbanisme
DAACT	Déclaration attestant l'achèvement conforme des travaux
DIA	Déclaration d'intention d'aliéner
DOO	Document d'orientations et d'objectifs
DPU	Droit de préemption urbain
DTADD	Directives territoriales d'aménagement et de développement durables
EBC	Espaces boisés classés
GOU	Grandes opérations d'urbanisme
OIN	Opération d'intérêt national
PADD	Projet d'aménagement et de développement durable
PC	Permis de construire
PCAET	Plan climat air énergie territorial
PIG	Programme d'intérêt général
PLH	Programme local de l'habitat
PLU (i)	Plan local d'urbanisme (intercommunal)
PPA	Projet partenarial d'aménagement
PSMV	Plan de sauvegarde et de mise en valeur
RNU	Règlement national d'urbanisme
RUL	Règle d'urbanisation limitée
SCoT	Schéma de cohérence territoriale
SDRIF	Schéma directeur de la région Île-de-France
SRADDET	Schéma régional d'aménagement, de développement durable et d'égalité des territoires
SMVM	Schéma de mise en valeur de la mer
SUP	Servitudes d'utilité publique
TVB	Trames vertes et trames bleues
ZAC	Zone d'aménagement concerté
ZAD	Zone d'aménagement différé
ZAN	Zéro artificialisation nette

Introduction

La formation du droit de l'urbanisme

Le droit de l'urbanisme n'est pas seulement une science, c'est aussi une activité d'intérêt général qui a nécessité la mise en œuvre d'une vraie politique spéciale de l'urbanisme. « L'urbanisme [écrit Jérôme Chapuisat] est issu de l'architecture. Mais entre l'art des grands bâtisseurs et l'urbanisme d'aujourd'hui, la matière s'est enrichie, transformée, compliquée à la mesure de la civilisation dont elle est une sorte de vitrine ». La complexité des textes, associée à leur fréquence, ne dément pas ce constat.

1 L'ancrage historique de 1919 à 2000

Le droit de l'urbanisme est un droit récent. Ce n'est qu'à compter de la Première Guerre mondiale que l'on a pris conscience en France de l'importance de la croissance urbaine et de la nécessité de la réguler. On fait remonter à la loi *Cornudet* du 14 mars 1919 le principe du zonage qui a imposé, notamment dans les communes sinistrées ou pittoresques, l'élaboration de plans d'agrandissement et d'embellissement. Ces ancêtres des actuels plans locaux d'urbanisme (PLU), reposaient sur le découpage du territoire communal en zones d'affectation spéciales, identifiables grâce aux documents graphiques et régies par des prescriptions réglementaires. Cinq années plus tard, la loi du 1er juillet 1924 a souhaité limiter la prolifération anarchique des lotissements à la périphérie des villes en imposant, de fait, une autorisation de lotir appelée aujourd'hui, le permis d'aménager.

Posant les bases de l'urbanisme contemporain, la loi du 15 juin 1943 a constitué une étape essentielle en instaurant le principe de non-indemnisation des servitudes d'urbanisme, véritable pilier de ce droit. La loi de 1943 généralise et unifie le permis de construire, qui est alors délivré par le préfet. À partir de 1958, la nouveauté vient de la reconnaissance de l'« urbanisme opérationnel ». En effet, la fin de la guerre et la reconstruction des villes sinistrées ayant obligé les collectivités à appréhender l'aménagement de façon globale, l'administration est devenue garante des équipements collectifs, ce que matérialisa la mise en place des zones à urbaniser en priorité (ZUP), des zones d'aménagement différées (ZAD) et la refonte du droit de l'expropriation.

Puis, ce fut au tour de la loi d'orientation foncière (LOF) de 1967, adoptée pendant la présidence du géneral de Gaulle, de marquer durablement l'urbanisme, dans sa dimension planificatrice. Le texte prévoit que les prévisions et les règles d'urbanisme s'expriment par deux types de documents d'urbanisme qui diffèrent par leur assiette et leur portée : les ***schémas directeurs (SD)***, documents prévisionnels et intercommunaux établis au niveau d'une agglomération, et les ***plans d'occupation des sols (POS)***, documents réglementaires et le plus souvent communaux. Ni la loi du 7 janvier 1983, ni les grandes lois qui suivront ne viendront, par la suite, modifier ce dualisme fondamental des documents de planification urbaine tel qu'il existe depuis 1967. Malheureusement, du fait d'une maladresse de rédaction, l'esprit de la LOF fut interprété de manière différente dans la pratique. Le véritable plan d'urbanisme fixant les grands objectifs d'aménagement aurait dû être le schéma directeur alors que le POS ne devait servir qu'à fixer le droit des sols. Or, un « échange des rôles » fut fatal aux schémas beaucoup trop précis. Les POS connurent le succès, et les SD, le déclin. La loi de 1967 a créé, par ailleurs, la TLE (devenue taxe d'aménagement) payable par les constructeurs et a institué les ZAC (zone d'aménagement concertée) en remplacement des ZUP.

Avec la loi du 31 décembre 1976, l'environnement fait son entrée dans le droit de l'urbanisme. Le législateur traque les dérogations aux POS, tout en renforçant la protection des espaces. Sources d'abus, les dérogations permettent, en effet, d'écarter l'application d'une règle et l'autoriser à titre individuel. On sait d'ailleurs que le juge a accompagné le législateur, en appliquant la théorie du bilan et en admettant les seules dérogations qui ne portent pas une atteinte trop importante à l'intérêt général s'attachant à la règle méconnue (*CE, 18 juill. 1973, req. n° 86275, Ville de Limoges*). Autre étape marquante de l'évolution du droit de l'urbanisme, la décentralisation en 1983 modifie fondamentalement l'équilibre des rapports entre l'État et les collectivités locales. Cette vaste réforme transfère aux maires la compétence de délivrer les PC dans toutes les communes dotées de POS, reconnaissant à l'urbanisme le caractère d'une compétence de « *proximité* ». La nature juridique des outils de planification est alors totalement transformée par la décentralisation. Ces derniers deviennent des normes locales, alors qu'ils ne constituaient jusqu'alors que des normes étatiques d'application territorialement limitée. Surtout, l'application de la règle de constructibilité limitée (RCL), appelé aussi dispositif « anti-mitage », fait son entrée dans le droit de l'urbanisme, incitant les communes à organiser leur territoire à l'aide d'un plan local. Le mitage est une forme d'urbanisation anarchique de l'espace rural ou naturel. La décentralisation de l'urbanisme ira plus loin par le truchement de la loi du 18 juillet 1985 qui a confié aux communes l'usage de nouvelles procédures de maîtrise foncière, le droit de préemption urbain ainsi que de nouvelles responsabilités afin de mettre en œuvre les procédures d'aménagement urbain : lotissements, ZAC, restauration immobilière (loi *Malraux* de 1962). Ces compétences transférées sont bien entendu encadrées et contrôlées par le préfet dans le cadre du contrôle de la légalité des actes pris par les collectivités locales. Peu après, la montagne (loi 1985) et le littoral (loi 1986), espaces soumis à de fortes pressions touristiques feront l'objet de deux grandes lois d'équilibre cherchant à allier à la fois protection et développement des espaces concernés.

2 Nouveaux défis du droit de l'urbanisme depuis 2000

La loi *SRU* du 13 décembre 2000 marque le point de départ des nombreuses réformes touchant la discipline. La loi entreprend une rénovation majeure des documents de planification urbaine : les schémas directeurs (SD) deviennent des schémas de cohérence territoriale (SCoT) et les plans d'occupation des sols, des plans locaux d'urbanisme (PLU). La loi *SRU* instaure le principe de la ***règle d'urbanisation limitée*** (RUL), en l'absence de SCoT applicable. La règle, proche de celle de la règle de constructibilité limitée posée en 1983 (RCL), est transposée au niveau du SCoT. Elle sanctionne, ici, la non-appartenance au périmètre de SCoT et incite, de ce fait, les communes à intégrer l'intercommunalité porteuse du schéma (EPCI ou SM). Derrière cette incitation à penser l'urbanisme à grande échelle, tout l'exercice des compétences d'urbanisme est transformé : limitation des possibilités d'urbaniser le territoire dans le cas où la commune ne s'inscrit pas dans cette logique, ou simple aménagement des compétences si elle accepte de penser le développement de son territoire dans un contexte élargi. Sur le fond, le PLU fait sa mue. C'est un document d'urbanisme qui devient plus dynamique et opérationnel, « *porteur de projet* » à travers le projet d'aménagement et de développement durable (PADD).

L'ordonnance du 8 décembre 2005, précisée par le décret du 5 janvier 2007 s'est, quant à elle, attachée à simplifier le régime applicable aux constructions, aux aménagements et aux démolitions en sécurisant les délais d'instruction et en simplifiant les procédures de délivrance.

S'ensuivra l'adoption de la loi du 12 juillet 2010, dite loi *Grenelle 2*. Pour l'essentiel, les documents d'urbanisme se « verdissent ». Ils voient leurs objectifs renforcés en matière de développement durable : création des trames vertes et bleues (TVB), des plans climat air énergie territorial (PCAET).

Soucieux des conséquences de la crise sur le logement, le législateur se lance dans un véritable plan de bataille contre la « fracture résidentielle ». Amplifiant les dispositifs pesant sur les communes en matière de production de logement social, la loi du 18 janvier 2013 de mobilisation du foncier en faveur du logement porte à 25 % la part exigible de logements locatifs sociaux au sein de certaines communes. La procédure intégrée pour le logement (PIL), vise, quant à elle, à favoriser la production rapide de logements et à réduire les délais nécessaires à la réalisation des projets (art. L. 300-6-1).

L'ordonnance du 18 juillet 2013 relative au contentieux d'urbanisme apporte son lot de dispositions visant à sécuriser les constructions : nouveaux contours de l'intérêt à agir (art. L. 600-1-2), lutte contre les recours malveillants (art. L. 600-1-3), régularisation des autorisations en cours et post-instance (art. L. 600-5 et L. 600-5-1). La moisson jurisprudentielle du Conseil d'État révèle qu'en matière d'intérêt pour agir, le juge cherche à sécuriser les permis de construire tout en préservant le droit au recours. Alors que l'arrêt *Brodelle et Gino* du 10 juin 2015 avait écarté toute présomption résultant d'un voisinage avec le projet, on retiendra l'arrêt du 13 avril 2016, *Ville de Marseille* qui accorde au voisin immédiat du projet attaqué, une forme de « *présomption d'intérêt à agir* » *(CE, 13 avr. 2016, n° 389798, Bartoloméi ; CE, 26 avr. 2017, n° 400625*), y compris lorsque le voisin du projet est un immeuble organisé selon le régime de la copropriété (*CE, 24 févr. 2021, n° 432096*). Marquant un retour à l'orthodoxie de la jurisprudence Brodelle et Gino, il appartient cependant au voisin immédiat de démontrer que le projet immobilier affecte les conditions d'utilisation ou de jouissance de son bien (*CE, 18 mars 2019, n° 422460*). Le Conseil d'État caractérise l'intérêt à agir dès lors que les projets altèrent la qualité d'un site en précisant que « le propriétaire d'un terrain non construit est recevable à former un recours pour excès de pouvoir contre un PC si la construction projetée est de nature à affecter directement les conditions de jouissance de son bien » (*CE, 3 avr. 2020, n° 419139*).

La loi *ALUR* du 24 mars 2014 a permis d'engager la transition écologique des territoires en favorisant la densification des quartiers pavillonnaires et en stoppant l'artificialisation des espaces naturels et agricoles. Tout en réaffirmant la place primordiale du SCoT, les élus sont fortement incités à mettre en œuvre des plans locaux d'urbanisme intercommunaux (PLUi) pour renforcer la coopération entre les villes, et non leur concurrence.

La loi *Macron* du 6 août 2015, a eu également des incidences significatives sur la discipline (constructions d'annexes aux logements dans les zones agricoles (A) ou naturelles (N) des PLU, majoration des règles d'urbanisme pour des logements « intermédiaires ». On entend par cette expression, ceux dont les niveaux de loyers se situent entre le marché social et le marché libre. En outre, la loi n° 2015-992 du 17 août 2015 relative à la *Transition énergétique* (*LTE*) a apporté des modifications supplémentaires à ce droit toujours plus bouillonnant : respect de performances énergétiques lors de la création de secteurs, majoration des règles d'urbanisme pour les constructions à énergie +, dérogations au PLU dans certains cas d'isolation.

En 2016, le législateur met le cap sur le Patrimoine avec l'adoption de la loi *LCAP* du 7 juillet 2016. Réformant les secteurs protégés, la loi institue un nouveau mode de détermination des abords des monuments historiques, fusionnant les dispositifs existants : secteurs sauvegardés, ZPPAUP et AVAP au profit d'une notion plus souple ayant valeur de servitude d'utilité publique, le « ***site patrimonial remarquable*** » (C. patr., art. L. 621-30-1). Le décret n° 2019-617 du 21 juin 2019, pris en application de la loi *ÉLAN*, permet désormais aux collectivités de proposer elles-mêmes un périmètre de protection à l'architecte des bâtiments de France (ABF).

La loi dite « *Biodiversité* » du 8 août 2016 a souhaité insuffler une vision renouvelée de la biodiversité. La loi confirme « les espaces de continuités écologiques » (art. L. 113-29 et s.), permet la création de servitudes dans les PLU pour de futurs espaces verts (art. L. 151-41). La végétalisation ou la production d'énergie renouvelable sur les toitures des bâtiments commerciaux devient obligatoire (art. L. 111-19). Surtout, un nouvel objectif apparaît dans le débat public, le « ZAN » comme zéro artificialisation nette inscrit dans le plan Biodiversité de 2018. Un sol est regardé comme artificialisé si l'occupation ou l'usage qui en est fait affecte durablement tout ou partie de ses fonctions. Or, les modélisations sont catastrophiques. Si aucune mesure n'est prise, ce sont 280 000 hectares d'espaces naturels qui seront artificialisés d'ici 2030 (la superficie du Luxembourg). Les règles d'urbanisme sont donc revues pour favoriser la densification de l'habitat et la limitation de l'étalement urbain. Trois ans plus tard, la loi *Climat et Résilience* adoptée le 20 juillet 2021 reprend ce « totem » et l'impose avec fermeté.

Nouvel élan est donné par le législateur avec l'adoption de la loi du 23 novembre 2018. La place du SCoT en matière commerciale est renforcée, le comblement des « dents creuses » du Littoral urbanisé devient possible, l'instruction des demandes d'autorisation se « privatise"... En matière d'aménagement, la procédure pour la ZAC est allégée. La loi permet également aux EPCI de conclure avec l'État un projet partenarial d'aménagement, contrat librement négocié entre la collectivité compétente en urbanisme et un opérateur pour financer les équipements publics nécessaires à l'opération d'aménagement (PPA, art. L. 312-1 et 2). Autre création, les Grandes opérations d'urbanisme (GOU), permettent d'offrir un nouveau cadre juridique aux opérations de grande ampleur mais non qualifiables d'opération d'intérêt national (art. L. 102-12). Une des mesures phare de la loi *ÉLAN* en matière de logement social est le regroupement forcé des organismes de logement social. De même, les conditions de ventes de logements par les organismes HLM sont modifiées pour satisfaire trois objectifs : favoriser une politique d'accession sociale à la propriété, promouvoir la mixité sociale et optimiser les capacités financières des bailleurs.

La loi *ÉLAN* et le décret du 17 juillet 2018 continuent de faire évoluer le contentieux de l'urbanisme, dans le sens d'une plus grande sécurisation des constructions. Les conditions de recours à l'encontre de certaines autorisations de construire sont restreintes, pour « sauver le soldat PC ». Sont créés de nouveaux articles : cristallisation des moyens dans le cadre des recours formés contre une autorisation d'urbanisme (art. R. 600-5), délai de jugement des recours dirigés contre une autorisation d'urbanisme fixé à 10 mois (art. R. 600-6). Spécifique au domaine notarial, l'article R. 600-7 officialise la pratique de la délivrance de certificats de non-recours et de non-appel. En outre, la régularisation des autorisations est largement étendue, y compris après achèvement des travaux (art. L. 600-5-2). La jurisprudence accompagne très fortement cet effort à travers une précision de l'office du juge.

La loi « *Énergie et Climat* » du 8 novembre 2019 alors qu'elle décrète l'urgence climatique va actionner le levier des autorisations d'urbanisme. Pour faire face au changement climatique et prévenir les effets sanitaires des îlots de chaleur urbains dans les projets d'aménagement, les collectivités sont appelées à favoriser des réhabilitations intelligentes du bâti existant, l'ombrage et le confort hygrothermique apportés par une végétation bien choisie. Les maires sont appelés à favoriser les procédés de production d'énergies renouvelables. Sur les aires de stationnement, des dérogations aux règles des PLU peuvent être accordées afin d'autoriser l'installation d'ombrières dotées de procédés de production d'énergies renouvelables. Les processus de fabrication de la ville pour bâtir une ville flexible capable de s'adapter en continu à l'évolution des usages nécessitent d'intensifier les usages de la ville, transformer les bâtiments existants ou recycler les espaces urbains. La loi du 27 décembre 2019, dite « Engagement et Proximité » réajuste les équilibres au sein du bloc local entre les communes et les intercommunalités, sur le plan des périmètres, de la gouvernance et des compétences d'urbanisme.

Mars 2020, la pandémie Covid-19 va plonger le secteur de l'immobilier dans une crise sans précédent. Le législateur choisit d'habiliter le gouvernement à légiférer par ordonnances dans le droit de l'urbanisme, ce qu'il fera à plusieurs reprises. On retiendra que les ordonnances du 15 avril et 7 mai 2020 modifiant celle du 25 mars 2020 ont surtout cherché à préserver la situation des pétitionnaires tout en préservant les contraintes administratives des services d'urbanisme. Pour faire face au virus, la ville a dû s'adapter, la politique d'urbanisme a dû être repensée en recourant à un urbanisme « agile » et tactique qui propose de changer, temporairement, des espaces déjà utilisés. Le rapport au temps du droit s'en trouve changé car l'urbanisme tactique est d'abord un urbanisme de l'urgence, du « sans délai ».

Deux ordonnances très attendues, prévues par la loi *ÉLAN*, ont été adoptées le 17 juin 2020. L'une vise à moderniser les SCoT (*J.-M. Pastor, « Gloire au SCoT ! », AJDA 2020, n° 23, p. 1260)*, l'autre à rationaliser la hiérarchie des normes d'urbanisme. La réforme des SCoT se poursuit avec le décret d'application relatif à leur modernisation (D. n° 2021-639 du 21 mai 2021).

Après plusieurs mois d'examen, la loi « *Climat et résilience* » a été définitivement adoptée par le Parlement le 20 juillet 2021. Inspirée des travaux de la Convention citoyenne pour le climat, le texte est censé constitué un « tournant écologique », et pose notamment les bases d'une consommation raisonnée des sols (division par deux du phénomène d'artificialisation d'ici 2030). La traduction de l'objectif du ZAN sera fixée au niveau régional puis sera définie au niveau local par la compatibilité avec les autres documents d'urbanisme. Pour certaines constructions, une étude de réversibilité devrait être imposée avant le dépôt de la demande de PC. Il s'agit d'une étude permettant de favoriser la réutilisation de bâtiments existants et d'envisager le devenir d'un bâtiment avant que ne commence sa construction. Il convient de replacer ce texte dans le contexte d'accélération du contentieux climatique devenu de plus en plus contraignant à l'égard des États, notamment français (*CE, 19 nov. 2021, 1er juill. 2021, n° 427301 dite l'Affaire du Siècle-Grande Synthe*).

PARTIE 1
L'urbanisme réglementaire

Chapitre 1

L'urbanisme réglementaire décentralisé

Avec la décentralisation, le droit français de la réglementation urbaine a dû accepter deux sources : les règles nationales prises par l'État, et les règles locales établies par les élus des communes. Le droit de l'urbanisme est original dans la forme que prennent ses actes : nombreux sont les schémas, plans et cartes, constituant le cœur de la planification locale. Opter pour un PLU ou un SCoT reste facultatif mais les collectivités sont fortement incitées à inscrire leur projet urbain dans un cadre planifié.

1 Le SCoT, document de planification stratégique

Instauré par la loi *SRU* du 13 décembre 2000, le SCoT organise l'espace qu'il couvre, de manière souple et en termes d'objectifs à grande échelle (inter-intercommunale). Impactés par plus de dix lois depuis leur instauration, les SCoT se modernisent avec l'ordonnance du 17 juin 2020 relative à la modernisation du SCoT (n° 2020-744). Pour parvenir à un urbanisme plus moderne et moins complexe l'ordonnance fait évoluer des dispositions relatives au périmètre, à la gouvernance, au portage et au contenu des SCoT qui sont désormais précisées par le décret n° 2021-639 du 21 mai 2021.

Un document intégrateur renforcé

Conforté dans son rôle de « *document intégrateur de toutes les politiques sectorielles en urbanisme* » par l'ordonnance du 17 juin 2020, le SCoT est avant tout un document de planification « stratégique », nourri par un projet de territoire correspondant à de larges bassins d'emploi. Il permet la mise en cohérence des politiques sectorielles en matière d'urbanisme au sens large : habitat, mobilité, aménagement commercial, maîtrise de la consommation d'espace... Rattaché explicitement à la catégorie des documents d'urbanisme par le Conseil d'État (*CE, 5 déc. 2016, n° 39549*), il permet d'imaginer ce que sera le territoire de l'agglomération dans les 20 prochaines années en déterminant les équilibres entre les différents espaces : urbains, naturels, agricoles. Élaboré par les collectivités locales, il fixe, au niveau de son périmètre, les objectifs d'organisation du territoire qu'il décline en orientations et objectifs, juridiquement opposables. L'ordonnance renforce le rôle du SCoT dans la transition énergétique en prévoyant qu'il peut valoir plan climat-air-énergie territorial (PCAET – L. 141-16). Le SCoT ne fonctionne pas tout seul, c'est un document pivôt jouant un rôle majeur entre l'échelle régionale (SRADDET) et locale (PLU (i). Solidement ancré dans la hiérarchie des normes depuis la loi *Grenelle II* en 2010, il se situe à l'interface entre, d'un côté, les normes supérieures (européenne, nationale et régionale) et de l'autre, les normes inférieures (niveau local : PLU et cartes communales). Sa place dans la hiérarchie des normes lui confère une place essentielle en tant qu'« écran » entre le PLU (au-dessous) et les normes supérieures (au-dessus), ce qui permet en principe aux PLU et cartes communales de ne se référer juridiquement qu'à lui pour assurer leur légalité au regard de ces objectifs. Si une première simplification notable de la hiérarchie des normes avait eu lieu avec la loi *Grenelle II* et l'avènement du SCoT « pivot », il demeurait encore des imperfections. Celles-ci sont corrigées par l'ordonnance n° 2020-745 du 17 juin 2020 qui conforte le rôle intégrateur du SCoT, en renforçant son rôle de document « pivot » entre les documents de rangs supérieurs d'un côté, et les PLU (i), les documents en tenant lieu et les cartes communales, de l'autre. Ainsi, lorsqu'il existe des documents sectoriels (dispositions particulières au littoral et aux zones de montagne, SDRIF, PADDUC, etc.), seul le SCoT devra leur être compatible, et non le PLU (art. L. 131-1). Dans cette logique, dès lors que le PLU est compatible au SCoT, on le considère comme compatible à l'ensemble des documents de rang supérieur que le SCoT a lui-même intégrés. Consacrant l'implication des SCoT dans la mise en œuvre de la loi *Littoral*, il a été admis qu'en présence d'un SCoT couvrant le territoire d'une commune soumise à la loi *Littoral*, le PLU doit être compatible avec le SCoT, *nonobstant son caractère imprécis*, dès lors que ce dernier est lui-même compatible avec la loi *Littoral* (*CE, 28 sept. 2020, req. n° 423087*). Même les dispositions les moins précises du SCoT sont donc prises en compte.

Ce n'est qu'à défaut de SCoT que les auteurs de PLU doivent vérifier la compatibilité de leur plan avec l'ensemble des normes supérieures (art. L. 131-6).

Plus généralement, la hiérarchie des normes d'urbanisme reste cependant connue pour sa grande complexité. Dans ce jeu de mécano normatif, selon les territoires, jusqu'à une vingtaine de documents d'urbanisme peuvent se superposer ! Ce millefeuille normatif rend complexe le travail d'élaboration de nouveaux documents d'urbanisme par les collectivités territoriales. C'est pourquoi, le gouvernement, habilité par la loi *ÉLAN* a pris par voie d'ordonnance des dispositions destinées à simplifier l'imbroglio né de l'enchevêtrement des normes. Sur ce fondement, l'ordonnance n° 2020-745 supprime certains liens juridiques (quatre documents ne seront désormais plus opposables aux SCoT, PLUi et cartes communales). Les rapports juridiques entre les documents sectoriels et les documents d'urbanisme sont unifiés au profit d'un seul lien juridique – celui de la compatibilité. Les notions mêlées de compatibilité et de « prise en compte » étant floues et porteuses de contentieux, le rapport de droit de « prise en compte » entre documents est désormais remplacé par le rapport de compatibilité. Une seule exception fait perdurer le lien de prise en compte entre le SCoT, les objectifs du rapport du Sraddet et les programmes d'équipement (art. L. 131-2).

■ *Un contenu modernisé*

L'objectif de l'ordonnance étant de faire du SCoT « un exercice moins formel, plus politique », son contenu a été modernisé et allégé par l'ordonnance du 17 juin 2020.

a) Le rapport de présentation « annexé »

Document pédagogique, le rapport de présentation (RP) donne une vision prospective et rétrospective du territoire permettant d'en comprendre la situation et d'en identifier les atouts et les faiblesses. Depuis 1er avril 2021, le rapport est supprimé comme élément autonome du dossier de PLU, mais son contenu ne l'est pas. Les composantes du rapport de présentation sont déplacées dans les annexes du SCoT afin de faciliter la visibilité immédiate du projet de territoire. Elles conservent de ce fait leur caractère obligatoire.

L'ordonnance du 17 juin 2020 rassemble dans les annexes du SCoT :

- ***les éléments utiles à la compréhension du projet de SCoT*** : diagnostic du territoire, justification des choix retenus pour établir le PAS et le DOO, l'analyse de la consommation d'espaces naturels, agricoles et forestiers et la justification des objectifs chiffrés de limitation de cette consommation définis dans le DOO... ;
- ***les éléments utiles à la mise en œuvre du SCoT*** : le programme d'action (PA) constitue une nouveauté utile qui pourrait inviter le porteur de SCoT à anticiper en amont, la façon de faire vivre et de rendre effectif le SCoT après son approbation. Il précise les actions prévues sur le territoire pour mettre en œuvre la stratégie, les orientations et les objectifs du SCoT, que ces actions soient portées par la structure en charge de l'élaboration du SCoT, les EPCI membres de cette structure, ou tout autre acteur public ou privé du territoire concourant à la mise en œuvre du SCoT ou associé à son élaboration.

L'évaluation environnementale du SCoT est exposée en annexe car elle rassemble à la fois des éléments utiles à la compréhension du projet retenu (état initial de l'environnement compris dans le diagnostic territorial, façon dont le projet prend en compte l'environnement, analyse des impacts et mesures pour éviter, réduire ou, en dernier lieu, compenser les impacts négatifs prévisibles...) et au suivi de la mise en œuvre du SCoT (indicateurs de suivi). Les annexes peuvent comprendre toute autre étude, leur contenu étant largement ouvert.

b) Le projet d'aménagement devient stratégique (PAS)

Le PADD constitue aujourd'hui le document « politique » qui présente les choix stratégiques retenus par le SCoT (art. L. 141-4). C'est ce projet qui doit être largement débattu au sein de l'assemblée délibérante et qui doit naître de la concertation avec la population (art. L. 143-18). L'ordonnance du 17 juin 2020 transforme le PADD en PAS (projet d'aménagement stratégique – L. 141-3). Occupant la première pièce du SCoT, il définit les objectifs de développement et d'aménagement du territoire à un horizon temporel de 20 ans sur la base d'une synthèse du diagnostic territorial. Ces objectifs « transversaux » assez classiques en urbanisme tendent à favoriser, par exemple, un équilibre et une complémentarité des polarités urbaines et rurales ou la traditionnelle gestion économe de l'espace limitant l'artificialisation des sols, les transitions écologique, énergétique et climatique, une offre d'habitat, de services et de mobilités adaptés aux nouveaux modes de vie ou encore une agriculture contribuant à la satisfaction des besoins alimentaires locaux, tout en respectant la qualité des espaces urbains comme naturels et des paysages.

Sans valeur prescriptive, il reste cependant un élément central car c'est par rapport aux changements dans les orientations du PADD (PAS) que sont déterminés les champs d'application respectifs de la révision ou de la modification des schémas (art. L. 143-29). De plus, si le PADD (PAS) n'est pas investi d'une opposabilité externe, il dispose bien d'une opposabilité interne au SCoT. En effet, le DOO doit être établi au regard de son contenu.

c) Le document d'orientations et d'objectifs restructuré

Le DOO, élément central du dossier, contient les éléments directement opposables du SCoT. Le PLU (ou la carte communale) doit être compatible avec ses dispositions (art. L. 141-5). Sans que l'esprit initial du DOO du SCoT ne soit modifié, l'ordonnance précise que ce document détermine les conditions d'application du PAS en définissant les « orientations générales d'organisation de l'espace, de coordination des politiques publiques et de valorisation des territoires » (art. L. 141-1).

L'ordonnance du 17 juin 2020 restructure le DOO autour de cinq thématiques. Trois blocs à thème : activités économiques, agricoles et commerciales ; offre de logements, de mobilité, d'équipements, de services et densification ; transition écologique et énergétique, valorisation des paysages, objectifs chiffrés de consommation d'espaces naturels, agricoles et forestiers.

Il faut ajouter ***deux blocs dédiés aux enjeux particuliers des territoires***, concernés par les lois *Montagne* et *Littoral*. Le SCoT a vu son rôle renforcé dans la planification des espaces littoraux. Toutefois, la légalité des autorisations de construire continue de s'apprécier directement au regard de la loi *Littoral*, en plus de leur conformité au PLU mais sans interposition du SCoT (*CE, sect., 31 mars 2017, n° 392186*). Le SCoT joue un simple rôle d'éclairage et non d'écran (*CE, 11 mars 2020, n° 419861*). Dans le même sillage, l'arrêt du 9 juillet 2021 valide le recours au

SCoT pour apprécier la notion d'extension en continuité sous réserve que les dispositions du SCoT soient suffisamment précises et compatibles avec la loi *Littoral* (*CE, 9 juill. 2021, n° 445118, Concl. O. Fuchs*). On en déduit que sur les communes littorales, lorsqu'existe un SCoT, une autorisation d'urbanisme doit désormais, à la fois, être conforme au PLU et aux dispositions de la loi *Littoral*, tout en tenant compte des dispositions pertinentes du SCoT.

Le DOO peut enfin décliner toute autre orientation nécessaire à la traduction du PAS, relevant des grands objectifs de l'article L. 101-2 et de la compétence des collectivités publiques en matière d'urbanisme.

Bien que conçu comme un document d'orientation, le DOO se situe « dans l'entre-deux ». Il a été pensé aussi avec un esprit directif à l'égard des normes inférieures (PLU, carte communale). À cette fin, il fixe des objectifs chiffrés de densification en cohérence avec l'armature territoriale et la desserte par les transports collectifs (prévoir un urbanisme suffisamment dense dans la proximité immédiate d'une gare ou d'un transport en site propre) ou des orientations de la politique de mobilité dans un objectif de diminution de l'usage individuel de l'automobile (art. L. 141-7). Il définit les objectifs chiffrés de consommation économe de l'espace et de lutte contre l'étalement urbain par secteur géographique (art. L. 141-10). À titre facultatif, il peut subordonner l'ouverture à l'urbanisation d'un secteur nouveau ou des secteurs à urbaniser de moyen et long terme à l'utilisation prioritaire des friches urbaines, de terrains situés en zone urbanisée et desservis par les équipements mentionnés à l'article L. 111-11 et des zones déjà ouvertes à l'urbanisation (art. L. 141-8).

L'aménagement commercial est un autre thème central des SCoT (art. L. 141-10), depuis la loi *ÉLAN*. Le DOO intègre obligatoirement le document d'aménagement artisanal et commercial (DAAC) qui définit les localisations préférentielles des commerces (redynamisation des CV, implantation commerciale économe de foncier situées en zone U dense), le type d'activité et la surface de vente maximale des équipements commerciaux dans les secteurs d'implantation en périphérie et les centralités urbaines.

■ *L'institutionnalisation des SCoT*

a) Le portage du SCoT élargi

Le SCoT est élaboré soit par un EPCI, soit par un syndicat mixte (SM) « fermé » ou « ouvert », soit par un pôle d'équilibre territorial et rural. L'ordonnance du 17 juin 2020 élargit la liste des structures habilitées à porter un SCoT aux pôles métropolitains. Elle encourage aussi le portage des SCoT par les pôles d'équilibre territoriaux et ruraux (PETR) ou l'inclusion de ceux-ci dans la gouvernance des SCoT. Dans tous les cas, le législateur a posé le principe de l'existence d'une structure porteuse pérenne, compétente pour élaborer, approuver et réviser le SCoT (art. L. 143-16). En cas de dissolution de celle-ci, le SCoT est – *marque de ce lien indissociable* – abrogé pour ne pas maintenir en vigueur des règles qui, par leur obsolescence, pourraient devenir illégales. La dissolution de l'EP, mais aussi le retrait ou le transfert de sa compétence emportent abrogation du ou des schémas, sauf si un autre EP en assure le suivi (art. L. 143-16). Quand le SCoT est élaboré par un EPCI, la loi s'appuie sur les structures intercommunales existantes, les « EPCI à fiscalité propre » constitués des communautés urbaines et métropoles, communautés d'agglomération et communautés de communes. Il est possible, rappelons-le, d'établir un SCoT « mono-EPCI ».

b) Le périmètre du SCoT ajusté

1) Proposition d'un périmètre

La question est cruciale. Quelle doit être la place des SCoT souvent pris « en étau » entre deux autres planifications, celle du PLUi (en dessous de lui) et le Sraddet (au-dessus de lui) ? Une subsidiarité doit-elle être repensée pour en finir avec la confusion entre le SCoT et le PLUi, qui restent deux outils complémentaires ? La loi *ÉLAN* appelait de ses vœux, par voie d'ordonnance, des ajustements du périmètre. C'est chose faite avec un périmètre de SCoT élargi à l'échelle du « bassin d'emploi » en lieu et place du « bassin de vie », afin d'en faire un outil stratégique de projet de territoire à l'interface entre les grandes régions et les intercommunalités.

Afin de replacer le SCoT à une échelle intermédiaire entre le PLUi et le Sraddet, il est prévu que lorsque le périmètre du SCoT est identique à celui d'un PLUi, l'analyse des résultats du SCoT prévue à l'article L. 143-28 examine l'opportunité d'élargir le périmètre du schéma, en lien avec les territoires limitrophes. Le porteur du SCoT « débat alors spécifiquement sur l'évolution du périmètre du schéma avant de décider du maintien en vigueur du schéma ou de sa révision ».

Alors que le SCoT pouvait être élaboré « à l'initiative des communes ou de leurs groupements compétents », l'ordonnance du 17 juin 2020 a déplacé ce droit d'initiative à l'échelle supérieure. Depuis le 1er avril 2021, l'initiative est désormais réservée aux seules intercommunalités.

Le périmètre n'est recevable que s'il est proposé par une majorité (inchangée) réversible, au moins 2/3 des communes représentant la moitié de la population totale, ou l'inverse (art. L. 143-4). Pour calculer la majorité qualifiée, cet EP compte pour autant de communes qu'il représente. La minorité de blocage des communes qui n'étaient pas membres d'un EPCI compétent en matière de SCoT a désormais disparu. Pour mémoire, la majorité n'était acquise que si 1/3 au moins de ces communes « isolées » avait voté en faveur du périmètre proposé (art. L. 143-4, 3, abrogé).

Le périmètre est ensuite communiqué au préfet qui prend avis du ou des départements concernés (avis réputé positif après 3 mois). Avant de publier le périmètre, le préfet peut prendre toute mesure nécessaire en cas de non-respect des obligations légales (enclave, coupure d'EP compétent, incompatibilité avec des normes qui l'encadrent). Il lui appartient de remettre en cause des périmètres trop restreints (art. L. 143-6). En cas d'absence de SCoT pure et simple, le préfet peut contraindre les EPCI et communes concernées à en élaborer un. Il lui faut un motif. S'il constate que, notamment du fait d'un nombre important de demandes de dérogations, l'absence de schéma nuit gravement à la cohérence des politiques publiques, et pose des problèmes de maîtrise de l'urbanisation, le préfet peut demander aux intercommunalités concernées de déterminer un périmètre de SCoT. En l'absence de réaction des intéressés dans un délai de 6 mois, le préfet se substitue à elles et arrête un projet de périmètre après avis de la commission départementale (CGCT, art. L. 5211-42).

2) Critères légaux du périmètre

- UN TERRITOIRE D'UN SEUL TENANT ET SANS ENCLAVE

Selon le premier critère, le périmètre du SCoT répond à une obligation de continuité territoriale (art. L. 143-2), à l'instar des communautés urbaines, d'agglomération, de communes et les métropoles qui sont toutes composées d'un ensemble de communes « d'un seul tenant et sans enclave ». Toutefois, il faut tenir compte de l'hypothèse de retrait du schéma (art. L. 143-15 et L. 143-21) pouvant créer une enclave. Cette possibilité est néanmoins tempérée par le fait qu'elle est neutralisée lorsque le SCoT est élaboré par une métropole, communauté urbaine, d'agglomération ou de communes (art. L. 143-15).

- UN TERRITOIRE INSÉCABLE

Le second critère impose d'englober la totalité du périmètre des EPCI compétents en matière de SCoT présents dans ce périmètre (art. L. 143-2) : un SCoT ne peut pas « couper » un EPCI. Dans la situation où, à la suite d'une recomposition, un EPCI n'est pas entièrement compris dans un périmètre de SCoT, un délai de réflexion de 3 mois à l'EPCI avant intégration automatique dans le périmètre de SCoT. De plus, si, à la suite d'une recomposition territoriale, l'EPCI est « *à cheval* » sur deux SCoT différents, celui-ci peut devenir, au terme d'un délai de 3 mois (ou avant), membre de plein droit de l'EP porteur du SCoT sur le territoire duquel est comprise la majeure partie de sa population (art. L. 143-13).

- AUTRES CRITÈRES PRIS EN COMPTE

Depuis le 1er avril 2021, (art. L. 143-3 et L. 143-28, issus de l'Ord. du 17 juin 2020) le périmètre du SCoT s'élargit à l'échelle du « bassin d'emploi », zone beaucoup plus large que celle du bassin de vie. Dès lors, il appartient au schéma de prendre en compte les modes de vie quotidiens, les besoins de protection des espaces naturels et agricoles ; les besoins et usages des habitants en matière de logements, d'équipements, d'espaces verts, de services et d'emplois. Les bassins de mobilité (au sens de l'article L. 1215-1 du Code des transports) font leur entrée dans les nouveaux critères à prendre en compte pour établir le périmètre du SCoT. Le schéma continue de prendre en compte d'autres solidarités institutionnelles telles que les groupements de communes, les pays, les parcs naturels et s'articule avec les autres démarches de planification (PDU, PLH, SDC, autres SCoT, zones chalandise – art. L. 143-3). Ces conditions de la légalité du périmètre sont appréciées plus souplement que les critères objectifs, puisqu'un périmètre de SCoT qui ne couvre que partiellement un de ces périmètres ne sera pas pour autant illégal.

3) Évolution du périmètre

Le périmètre n'est pas figé une fois pour toute. Il est amené à évoluer afin de prendre en compte les difficultés qui résultent de la mise en œuvre de la réforme de l'intercommunalité. Sur le fond, le périmètre du SCoT suit l'évolution de l'établissement public (EP) porteur du SCoT. Ainsi, l'extension du périmètre de l'établissement porteur du SCoT entraîne l'extension du périmètre du schéma (art. L. 143-10) et le retrait, réduction du périmètre et abrogation de ses dispositions sur les territoires retirés (art. L. 143-11). Dans ce cas, l'EP issu de la fusion est compétent et son nouveau périmètre devient le périmètre de SCoT (art. L. 143-16). Dans ce laps de temps, aucune disposition de SCoT (qu'il s'agisse des dispositions du SCoT de départ ou de celles du SCoT d'accueil) ne s'applique sur le territoire de l'EPCI nouvellement inclus. L'EP de SCoT doit engager l'élaboration, la révision ou la modification du schéma en vigueur pour adopter un schéma couvrant l'intégralité de son périmètre, au plus tard lors de la délibération qui suit l'analyse des résultats de l'application du schéma en vigueur prévue à l'article L. 143-28 (art. L. 143-10). L'objectif reste qu'il y ait à terme un seul SCoT couvrant l'ensemble du territoire étendu.

■ *Management du SCoT*

Il faut en moyenne 4 à 6 ans pour élaborer un SCoT entre la date d'arrêt du périmètre et son approbation. L'EP commence par prescrire l'élaboration du schéma tout en précisant les modalités de concertation (art. L. 143-17). C'est le président de l'EP/SM qui conduit la procédure d'élaboration (art. R. 143-2).

a) Conditions d'élaboration

1) Concertation du public

Après publication du périmètre, l'EPCI (ou SM) délibère sur les objectifs et les modalités d'une concertation annonçant à la population l'élaboration du SCoT (art. L. 103-2 à 6). La concertation constitue la phase la plus longue de la procédure (du début de l'élaboration jusqu'au débat) et vise à associer pendant une durée suffisante et selon des moyens adaptés les habitants, les associations locales et les autres personnes concernées (art. L. 103-4 et R. 103-1). Les modalités d'organisation sont libres (réunions publiques, sites web, expositions) et selon les cas, la procédure peut réduire son effet à une simple obligation formelle comme elle peut aller jusqu'à une véritable implication des citoyens.

Cette délibération engage l'EP sur les modalités juridiques avancées qui doivent être respectées. La délibération qui arrête le projet peut tirer le bilan de la concertation de façon simultanée sinon une autre délibération interviendra plus tard à l'issue de la concertation pour tirer le bilan de la concertation, au plus tard lors de l'arrêt du projet (art. L. 143-7). Opérant un revirement de sa jurisprudence « Saint Lunaire » du 10 février 2010, l'arrêt de Section du Conseil d'État du 5 mai 2017, neutralise les velléités contentieuses en jugeant que « l'illégalité de la délibération prescrivant l'élaboration d'un PLU ne peut fonder, par exception, l'illégalité de la délibération qui approuve le document ». L'approbation « décroche » en quelque sorte de son élaboration. Cette jurisprudence sécurise la procédure puisque si la première délibération n'est pas contestée dans les 2 mois suivant sa publication, elle ne pourra plus être critiquée dans le cadre d'un recours ultérieur dirigé contre la totalité du PLU (*CE, sect., 5 mai 2017, n° 388902 ; application de la jurisprudence Saint-Bon-Tarentaise à l'élaboration des PPRT : CE, 6 déc. 2017, n° 400735).*

2) Association et consultation

Cette première délibération est notifiée aux personnes publiques associées de l'article R. 143-6 (État, régions, départements, autorités organisatrices de transports, chambres consulaires...). Les personnes associées peuvent tout au long de la procédure demander à être consultées également sur le projet de schéma (art. L. 132-11). D'autres personnes sont consultées à leur demande (art. L. 132-12 : communes limitrophes, associations locales d'usagers...). Le nombre de personnes susceptibles d'être consultées lors de la procédure d'élaboration du SCoT est élargi par un nouvel article L. 132-12-1 (issu de l'Ord. n° 2020-745) qui permet à l'EPCI de désigner des représentants d'organismes publics ou privés. En outre, certaines associations locales d'usagers et d'association de protection de l'environnement agrées pourront, à leur demande, être consultées. Elles rendent leurs avis au plus tard 3 mois à compter de la transmission du projet. À défaut de réponse, leur avis est réputé favorable (art. R. 143-4). La CDPENAF est également consultée à sa demande (art. L. 132-13). Le président de l'EPCI, à son initiative ou à la demande du préfet, associe les services étatiques à l'élaboration du projet de SCoT. Le rôle du préfet est ici renforcé dans la communication des informations utiles à l'élaboration du SCoT par le biais du porter à connaissance de l'EP (art. L. 132-2). Il fournit le cadre législatif et réglementaire à respecter ainsi que les projets des collectivités territoriales et de l'État en cours d'élaboration ou existants (servitudes d'utilité publique...).

3) Débat et délibération sur le PAS

Lorsque le projet de SCoT commence à prendre forme, un débat portant sur les orientations du projet doit être organisé. Il a lieu au plus tard 4 mois avant l'examen du projet de schéma (art. L. 143-18). Le projet de SCoT est ensuite arrêté par délibération de l'EP, laquelle peut tirer le bilan de la concertation (art. R. 143-7). Il est transmis aux personnes publiques et différents partenaires associés précités (art. L. 143-20). La délibération est affichée 1 mois au siège de l'EPCI et dans toutes les mairies concernées. Les personnes associées rendent un avis ultime sur le projet, le silence gardé pendant 3 mois étant réputé favorable. À ce stade, si une commune membre de l'EPCI estime « que l'un de ses intérêts essentiels est compromis par les dispositions du projet de schéma » (art. L. 143-21), elle peut recourir à la procédure préventive des conflits, dite « clause de sauvegarde », en demandant des modifications au projet de SCoT. La « commission de conciliation » (art. L. 132-14) peut être saisie afin de trouver un compromis entre les différents points de vue. Elle n'émet qu'un simple avis. Le préfet rend alors un avis motivé.

4) Enquête publique

Une fois le projet débattu, arrêté et transmis pour avis, s'ouvre une autre phase décisive, celle de l'enquête publique (art. L. 143-22). Prenant le relais de la concertation, elle se déroule sur un temps relativement court (1 mois et demi en moyenne). L'enquête est réalisée conformément aux articles L. 123-1 et suivants du Code de l'environnement. Entérinant la jurisprudence du Conseil d'État du 18 février 2010, *Lille métropole Cté urbaine* (*n° 318234*), l'ordonnance du 5 janvier 2012 a reconnu la possibilité de changer le SCoT afin de tenir compte des avis joints au dossier d'enquête publique et des observations du public (art. L. 143-23). Le dossier soumis à l'enquête publique doit comporter les pièces énumérées au code (art. R. 143-9).

5) Approbation, adoption définitive et entrée en vigueur du schéma

En fin de procédure, après les éventuelles modifications du projet pour tenir compte des avis qui ont été joints au dossier, des observations du public et du rapport du commissaire ou de la commission d'enquête, le SCoT est approuvé par l'organe délibérant de l'EPCI (art. L. 143-23). Publiée et transmise au préfet, la délibération approuvant le SCoT (sa révision ou sa modification), ne devient exécutoire que 2 mois après sa transmission, étant rappelé que le versement sous format électronique du SCoT sur le portail national de l'urbanisme, n'a aucune incidence sur son caractère exécutoire (*Rép. min. n° 06654, JO Sénat 10 janv. 2019, p. 127*). Par dérogation au principe général d'une entrée en vigueur des actes des autorités décentralisées dès leur publication et transmission au préfet au titre du contrôle de légalité, la délibération approuvant un SCoT (sa révision ou sa modification) est différée *de deux mois* après transmission au préfet. Dans ce délai, le préfet peut exercer les prérogatives qui lui sont reconnues par l'article L. 143-25 qui lui permettent de veiller à préserver la primauté des intérêts supra communaux. On se rapproche d'un pouvoir de tutelle même si le préfet ne modifie pas directement le SCoT. Mais si, pendant ce délai, le préfet demande des modifications en raison d'incompatibilité avec les normes supérieures, le SCoT ne deviendra exécutoire qu'à compter de la transmission au préfet de la délibération modificative.

Quant aux communes qui ont eu recours à la procédure préventive des conflits et qui n'ont pas obtenu les modifications demandées malgré un avis favorable du préfet, elles peuvent exercer leur droit de retrait dans un délai de 2 mois suivant la notification de la délibération approuvant le SCoT. Enfin, le SCoT exécutoire est transmis aux personnes publiques associées mais aussi aux EPCI compétents en matière de PLU et aux communes compris dans son périmètre (art. L. 143-27).

b) La gestion du SCoT

Comme le document-SCoT n'est pas figé, le législateur a prévu des procédés permettant de le faire vivre. Plusieurs procédures se côtoient pour « gérer » le SCoT et éviter qu'il ne devienne un document obsolète.

1) L'évaluation du SCoT

La durée de vie du schéma est encadrée et suivie. Six ans au plus après son approbation, révision ou décision de maintien en vigueur, l'EP doit procéder à une analyse des résultats de son application et délibérer sur sa mise en révision complète ou partielle ou son maintien (art. L. 143-28). Le bilan général doit dresser la liste des forces et faiblesses du schéma, notamment au regard de la maîtrise de la consommation d'espace, en matière d'environnement, de transports et de déplacements. Afin d'éviter des « doublons », lorsqu'il y a identité du périmètre du SCoT avec celui du PLUi, une analyse est conduite sur l'opportunité d'élargir le périmètre du schéma (art. L. 143-28, mod., issu de l'Ord. n° 2020-744 du 17 juin 2020). À défaut d'évaluation, le SCoT est frappé de caducité. Il n'existe plus juridiquement et cesse d'être opposable, soumettant *ipso facto* les communes membres de l'EPCI, à l'application de la règle d'urbanisation limitée (art. L. 142-4).

2) Évaluation environnementale

L'évaluation environnementale est un processus destiné à prévoir dans quelle mesure les choix opérés par les documents de planification peuvent affecter ou non l'environnement (*directive 2001/42/CE*). Les SCoT sont soumis à cette obligation. L'évaluation des résultats du SCoT sur l'environnement qui figurait dans le rapport de présentation du schéma (art. L. 104-4) est désormais déplacée dans les annexes du SCoT dont la procédure est décrite aux articles L. 104-6 à 8. Elle est faite à l'occasion de l'élaboration, la révision, la modification du schéma (si le projet risque, par ex. d'affecter une zone Natura 2000), ou lors de la mise en compatibilité (art. L. 104-1 à 3 et R. 104-3 et s) Le juge administratif s'engage dans un véritable contrôle de l'obligation de suivi qui s'appuie sur l'exigence d'une étude fouillée et complète.

3) La révision ordinaire

L'établissement porteur du schéma (EPCI ou SM) est appelé à le remanier en permanence en fonction de l'évolution des projets. Réviser revient à changer de document d'urbanisme. La procédure est analogue à celle de l'élaboration longue, complexe et réservée aux hypothèses de changement des orientations du PAS, des dispositions du DOO relatives à la protection des espaces fragiles, et à la politique locale de l'habitat, si celle-ci diminue l'objectif de nouveaux logements (art. L. 143-29). La révision peut résulter soit de l'analyse obligatoire du SCoT tous les 6 ans (art. L. 143-28), soit de la décision de l'EPCI/SM qui souhaite faire évoluer son document avant cette période, soit de l'intervention de certains documents ou d'opérations foncières incompatibles avec lui (art. L. 143-40 et s.). Le SCoT ne peut être approuvé, modifié ou révisé qu'après avoir recueilli certains avis (art. R. 143-5). On rappellera que la délibération approuvant la révision fait l'objet des mêmes mesures de publicité et d'entrée en vigueur que celles prévues pour son élaboration (art. L. 143-24 à 27 et R. 143-14 et 15). Entre la mise en révision et l'approbation de cette révision, nécessairement longue, rien n'empêche d'opérer une ou plusieurs modifications ou mises en compatibilité de ce schéma (art. L. 143-31), ce qui permet de continuer à adapter le document pendant cette période. Un sursis à statuer peut être opposé dans le cadre d'une procédure de révision.

4) La modification de droit commun

La procédure de modification, engagée à l'initiative du président de l'EP, permet de faire évoluer un document d'urbanisme face à des besoins nouveaux et vise des modifications de moindre importance que celles nécessitant une révision (art. L. 143-34). La modification se limite aux modifications portant sur les orientations générales définies par le document d'orientation et d'objectifs (DOO), relatives à l'habitat, aux transports, et déplacements, aux implantations commerciales, à la programmation des équipements publics, aux zones de montages et aux schémas de mise en valeur de la mer. Le SCoT peut donc être, à ces conditions, modifié par délibération de l'EP après enquête publique (art. L. 143-35). L'acte modifiant le schéma devient exécutoire dans les conditions déjà évoquées ci-dessus. Il n'est pas possible de surseoir à statuer dans le cas d'une procédure de modification d'un PLU (*CE, 28 janv. 2021, n° 433619*).

5) La modification simplifiée

Dans les autres cas, et sous réserve que la révision ne s'impose pas, le SCoT peut faire l'objet d'une modification simplifiée (art. L. 143-37). Son champ d'application est donc par nature résiduel et permet notamment la rectification d'erreurs matérielles. Cette procédure ne prévoit pas d'enquête publique (contrairement à la procédure de modification ordinaire) mais seulement une mise à disposition du projet au public pendant 1 mois. Ici, on note le retour au droit commun puisque l'acte approuvant la modification simplifiée devient exécutoire dès sa publication et transmission au préfet (pas d'entrée en vigueur différée de 2 mois).

6) La mise en compatibilité du SCoT

La mise en compatibilité permet l'adaptation du SCoT à une règle supérieure ou à un projet en vue de le rendre compatible. La procédure concerne plusieurs hypothèses : la mise en compatibilité du SCoT avec un document supérieur (art. L. 143-40 et s.), la mise en compatibilité avec un projet faisant l'objet d'une DUP ou d'une déclaration de projet (art. L. 143-44 à 50, L. 300-6 et R. 143-11 et s.), avec la réalisation d'une GOU au sens de l'article L. 312-3 de la loi *ÉLAN*. On peut ajouter les hypothèses des procédures mises en œuvre dans le cadre de la procédure intégrée pour le logement (PIL) et de la procédure intégrée pour l'immobilier d'entreprise (art. L. 300-6-1).

Si le SCoT doit être mis en compatibilité avec un ou plusieurs des 18 documents supérieurs (art. L. 131-1), le préfet en informe l'EPCI qui a 2 mois pour faire connaître sa réponse (art. L. 143-41). Depuis le 1er avril 2021, suivant la procédure de l'article L. 131-1, les délais de mise en compatibilité des documents d'urbanisme avec les documents de planification sectoriels sont unifiés. Tous les 3 ans, les collectivités doivent mettre en compatibilité les documents d'urbanisme avec l'ensemble des documents sectoriels qui ont évolué dans ce délai, et non plus de façon récurrente, chaque fois qu'un nouveau document sectoriel entre en vigueur ou est modifié. Si l'EPCI refuse et en cas de carence pendant un an, le préfet passe en force et « *engage et approuve* » la mise en compatibilité lui-même (art. L. 143-42).

On notera l'introduction récente de la note d'enjeux (art. L. 132-4-1). Déjà présente en pratique au titre de l'association des services de l'État, elle est officialisée. Destinée à faciliter le dialogue entre la collectivité et l'État, elle expose les enjeux prioritaires de l'État sur le territoire concerné par l'élaboration ou la révision du document d'urbanisme (PLU ou SCoT). La note d'enjeux n'a pas de portée juridique contraignante, y compris vis-à-vis de l'État, qui exercera son contrôle de légalité sans lien avec son contenu.

■ Les effets juridiques du SCoT

a) Un document faiblement prescriptif

Si le DOO est directement opposable, ses orientations s'imposent cependant « souplement » à un certain nombre de documents. La compatibilité n'est pas la conformité. Les PLU, cartes communales et PSMV (art. L. 131-4) doivent être compatibles avec lui, ainsi que les programmes locaux de l'habitat, et les plans de mobilité (art. L. 142-1). Par son arrêt *Roso* du 18 décembre 2017, le Conseil d'État a d'ailleurs rappelé la nature exclusivement stratégique des SCoT, niant la présence de normes trop directives. Ainsi, le PLU fixant la réalisation de 15 logements par an, dépassant les seuils de croissance démographique prévus par le SCoT, n'est pas incompatible avec lui, dès lors que l'objectif de maîtrise de l'urbanisation fixé par le SCoT est respecté (*CE, 18 déc. 2017, n° 395216*).

Le SCoT est également opposable aux opérations foncières et opérations d'aménagement mentionnées au 4° de l'article L. 142-1 (art. R. 142-1, mod. par D. n° 2021-639 du 21 mai 2021) : création de zones d'aménagement différées (ZAD) et périmètres provisoires de ZAD ; création de ZAC ; remembrements réalisés par des associations foncières urbaines ainsi que l'acquisition de terrains en vue de la constitution de réserves foncières de plus de 5 ha d'un seul tenant.

Selon une jurisprudence constante, le PC n'est pas au nombre des décisions administratives dont la légalité doit s'apprécier par référence aux dispositions des SCoT (*CE, 16 juill. 2010, Min. de l'Écologie*). Le SCoT est cependant opposable aux utilisateurs du sol qui réalisent des opérations de construction ou de lotissement portant sur une surface de plus de 5 000 m^2, ou pour les autorisations commerciales et cinématographiques et les PC tenant lieu d'autorisation d'exploitation commerciale prévus à l'article L. 425-4 (art. L. 142-1). Il n'en demeure pas moins que le SCoT ne doit pas empiéter sur la réglementation indépendante propre à l'urbanisme commercial. En dehors de ces cas, les SCoT sont, en principe, inopposables directement aux PC.

b) La règle de « l'urbanisation limitée »

C'est autour des agglomérations que les évolutions des PLU(i) risquent de générer une urbanisation importante. Autrement dit, l'absence d'encadrement des plans par un cadre juridique qui leur est opposable, comme le SCoT, risque d'entraîner un étalement urbain et un manque de coordination entre communes. Les PLU(i) doivent donc être encadrés par l'intermédiaire d'un SCoT. En posant la règle de l'urbanisation limitée (RUL), le législateur cherche à inciter les communes à entrer dans le périmètre d'un SCoT ou à y rester.

1) Contenu de la règle

Posée par la loi *SRU* du 13 décembre 2000, la règle de « l'urbanisation limitée » vise à encourager les collectivités à élaborer un SCoT (art. L. 142-4). Régle-sanction aussi, elle a pour effet de réduire les possibilités d'urbanisation nouvelles pour celles qui ne sont pas couvertes par un tel schéma. La RUL n'est pas sans rappeler celle de la « constructibilité limitée » (art. L. 111- 3), qui incite les communes à adopter un PLU. La règle a évolué, au gré des réformes, dans le sens d'une plus grande sévérité, notamment avec la loi *ALUR* de mars 2014 qui a étendu le dispositif aux élaborations, évolutions de PLU ou PLUi, et aux élaborations et révisions de cartes communales. La règle s'applique également aux autorisations commerciales et cinématographiques, dont on sait que ce type d'autorisation est grandement responsable de l'étalement urbain.

Par ailleurs, les zones AU et N, les zones agricoles et forestières ne peuvent pas être ouvertes à l'urbanisation en l'absence de SCoT (*CE, 26 mars 2014, Cne de Saumane-de-Vaucluse*), ainsi que les secteurs non constructibles des cartes communales, et, dans les communes non couvertes par un document d'urbanisme (sous « RNU »), les secteurs situés en dehors des PAU des communes (pour les projets mentionnés aux 3° (incompatibles avec le voisinage) et 4° (constructions justifiées par un « intérêt communal ») de l'article L. 111-4). Enfin, sont soumises à la RUL toutes les communes ou EPCI se retirant d'un SCoT, qu'ils intègrent ou non un autre périmètre de SCoT, jusqu'à leur couverture par un SCoT approuvé.

2) Les possibilités de dérogations

La RUL n'est cependant pas absolue, des possibilités d'y déroger existent mais la loi les limite fortement (art. L. 142-5). La demande de dérogation préfectorale doit être faite par le demandeur de l'autorisation qu'il s'agisse de la commune, de l'EPCI ou du porteur de projet commercial. Les modalités d'octroi de la dérogation ont été précisées par le pouvoir réglementaire (art. R. 142-2). Avec la loi *ALUR*, changement de paradigme, le « droit à la dérogation » disparaît. Le renforcement de la RUL est également géographique, le législateur ayant généralisé l'obligation de couverture intégrale du territoire par les SCoT à toutes les communes (depuis le 1er janvier 2017).

En outre, le législateur élargit les critères au regard desquels la dérogation peut être refusée, notamment pour y inclure la préservation des continuités écologiques ou l'impact sur les flux de déplacements. Il peut être dérogé à l'article L. 142-4 avec l'accord du préfet, donné après avis de la CDPENAF (C. rur., art. L. 112-1-1) mais celle-ci est conditionnée au fait que l'urbanisation envisagée ne nuit pas à la protection des espaces naturels, agricoles et forestiers ou à la préservation et à la remise en bon état des continuités écologiques, ne conduit pas à une consommation excessive de l'espace, ne génère pas d'impact excessif sur les flux de déplacements et ne nuit pas à une répartition équilibrée entre emploi, habitat, commerces et services. Enfin, on se souvient que le préfet gagne en autorité sur les communes « *hors SCoT* » qui multiplient les demandes de dérogations pour échapper à la règle d'urbanisation limitée (art. L. 143-7).

2 Le PLU (i), document de la planification urbaine

Créés par loi SRU du 13 décembre 2000, les PLU fixent des règles très opérationnelles pour encadrer les opérations d'urbanisme. Documents de proximité, ce sont les plans de référence pour l'octroi ou le refus des autorisations d'urbanisme. Ils traduisent réglementairement les orientations fixées par le SCoT avec lequel ils doivent être compatibles. En vingt ans, la France s'est dotée de 18 400 PLU. En outre, 55 % des communes françaises font désormais partie de l'un des 630 EPCI dotés de la compétence en matière d'urbanisme, ayant déjà approuvé un PLU intercommunal

(PLUi). Aujourd'hui, le mouvement de généralisation des PLUi s'intensifie en même temps que les très vieux « POS dormeurs » disparaissent de l'ordonnancement juridique (sauf hypothèse particulière de l'art. L. 174-6). L'ultime délai de grâce fixé par le législateur au 1er janvier 2021 a désormais sonné le glas des POS. 530 communes ont été frappées par la caducité des POS, faute d'avoir pu les transformer en PLU ou PLUi à cette date. Les communes ont donc basculé sous le régime « sec » du RNU. Ces transitions entraînent une déstabilisation importante pour les communes et intercommunalités concernées. C'est pourquoi une proposition de loi adoptée par le Sénat en février 2021, si elle était adoptée sans amendement, pourrait, de façon transitoire, mettre à la disposition des territoires concernés trois dispositifs spécifiques de droit de préemption urbain, de sursis à statuer et de dérogation au RNU (futurs art. L. 174-5-1 et s., C. urb.).

■ *Le PLU, porteur du projet urbain*

a) Le rapport de présentation

Pièce « pédagogique », le rapport de présentation (RP) justifie le projet de territoire retenu pour établir le PLU (art. L. 151-4 et R. 151-1 à 5). Il justifie de la cohérence interne du PLU. Il repose sur un diagnostic territorial qui souligne ce qui va, ce qui manque et ce qu'il conviendrait d'améliorer. Devenu un document de plus en plus « exigeant », les composantes du diagnostic sont plus nombreuses qu'avant. Il est établi au regard des besoins répertoriés en matière d'activité économique, d'environnement, notamment en matière de biodiversité, d'aménagement de l'espace, d'habitat, de déplacements, et d'équipements. Il analyse la capacité de densification et de mutation de l'ensemble des espaces bâtis, et présente les dispositions qui favorisent la densification de ces espaces. Comme avant, il présente une analyse de la consommation d'espaces naturels, agricoles et forestiers mais désormais, « au cours des 10 années précédant l'approbation du plan ou depuis la dernière révision du document d'urbanisme ». Il justifie les objectifs compris dans le PADD au regard des objectifs de consommation de l'espace fixés, le cas échéant, par le SCoT et au regard des dynamiques économiques et démographiques.

Les éléments d'analyse qui figurent au sein du RP ont été enrichis au fil des lois successives (art. R. 151-2). Il rend compte désormais systématiquement de l'évaluation environnementale. Depuis 2019 (art. R.104-1 et s., non publié), tous les PLU sont, en effet, tenus d'intégrer une évaluation environnementale, lors de leur élaboration, révision et parfois modification ou leur mise en compatibilité. Ce décret permet de mettre en conformité les dispositions du Code de l'urbanisme avec le droit européen et en particulier, la directive 2001/42/CE du 27 juin 2001. L'évaluation permet de suivre les effets du plan sur l'environnement pour identifier, le cas échéant, à un stade précoce, les impacts négatifs et envisager, si nécessaire, les mesures appropriées. Afin de conserver l'historique des conséquences de l'évolution du PLU, le RP est complété de l'exposé des motifs des changements apportés quand il est révisé, modifié ou mis en compatibilité (art. R. 151-5). Même s'il n'a qu'une faible portée juridique, ce document n'est pas à négliger. Il doit, en effet, informer correctement les administrés sur le contenu du PLU. Le juge en déduit que ses indications peuvent être prises en compte par le juge pour interpréter le règlement du PLU (*CE, 10 févr. 2016, SCI Porte de Noisy*). Très récemment, une méthode erronée de calcul de la consommation foncière, parmi d'autres moyens, a conduit à l'annulation totale du PLUi-H de Toulouse Métropole (*TA Toulouse, 30 mars 2021 et 20 mai 2021, req. n° 1902329*).

b) Le PADD, clé de voûte du PLU

Le PADD exprime l'avenir du territoire de la commune et correspond aux engagements que la collectivité prend vis-à-vis des administrés (art. L. 151-5). Colonne vertébrale du PLU, il lui revient de fixer, par exemple, les orientations générales de protection des espaces, de préservation ou de remise en bon état des continuités écologiques, « de paysage », et plus encore de fixer des objectifs « chiffrés » de modération de la consommation de l'espace et de lutte contre l'étalement. Il arrête également les grandes orientations relatives à l'habitat, les transports, les déplacements, l'équipement commercial, le développement des communications numériques, les loisirs ou le développement économique retenues pour l'ensemble de l'EPCI ou de la commune.

Non opposable directement aux autorisations de construire *(CAA Bordeaux, 14 oct. 2010, n° 10BX0011, Mme Toscano*), le PADD n'est pas privé de tout effet puisqu'il peut fonder un sursis à statuer (*CE, 30 mai 2011, n° 327769, Cne de Ramatuelle*), si ses orientations traduisent un état suffisamment avancé du futur PLU de nature à permettre d'apprécier « si la construction projetée est de nature à compromettre ou à rendre plus onéreuse l'exécution de ce plan ». Afin d'éviter un usage excessif de cette prérogative, la loi *Égalité et Citoyenneté* du 27 janvier 2017 a désormais codifié cette position stabilisée de la jurisprudence du Conseil d'État et n'autorise le sursis à statuer que lorsque le débat sur les orientations du PADD a eu lieu (et non plus dès la prescription du PLU) (art. L. 153-11, al. 3).

Le PADD doit être respecté par les OAP et le règlement doit être en cohérence avec lui (*CE, 30 mai 2018, n° 408068, Cne Sète*). Moins qu'une exigence de conformité mais plus qu'un rapport de compatibilité, la cohérence du classement des parcelles peut être contrôlée par le juge administratif (*CE, 2 oct. 2017, n° 398322*). Enfin, le PADD constitue un élément essentiel pour la détermination du recours à la procédure de modification ou de révision du PLU.

c) Les orientations d'aménagement et de programmation (OAP)

Plébiscitées par les élus pour leur souplesse, les orientations d'aménagement et de programmation (OAP) sont des « règles-projets » (G. Godfrin). Issues de la loi *SRU* du 13 décembre 2000, les OAP constituent davantage des objectifs à atteindre que des contraintes, elles sont l'expression positive du projet d'aménagement (art. L. 151-6 et 7 et R. 151-6 à 8). Inscrites dans le respect des orientations définies par le PADD, elles ont un champ d'application très vaste. Elles comprennent des dispositions consistant à définir les opérations nécessaires pour mettre en valeur l'environnement – notamment les continuités écologiques –, les paysages, les entrées de villes et le patrimoine, lutter contre l'insalubrité, encourager le renouvellement urbain et assurer le développement de la commune. Elles permettent également de favoriser la mixité fonctionnelle en prévoyant qu'un pourcentage des opérations d'aménagement soit destiné à la réalisation de commerces.

On distingue d'abord les *OAP sectorielles*, parmi lesquelles on trouve les OAP dites « sans règlement ». En effet, il est possible de soumettre des secteurs de zones U ou ZAU aux seules OAP, sans avoir à définir dans le règlement les conditions de leur aménagement et de leur équipement (art. R. 151-8 et 20, al. 2). L'objectif poursuivi est de donner plus de souplesse aux élus pour définir des secteurs sans règlement, ce qui est très utile pour les friches industrielles. Il existe aussi des *OAP thématiques* que sont les OAP patrimoniales (art. R. 151-7), les *OAP* habitat, transports et déplacements et les OAP comportant un volet commercial en l'absence de SCoT (art. L. 151-6). Elles peuvent comporter un échéancier prévisionnel de l'ouverture à l'urbanisation des ZAU. Le PLU peut intégrer la spécificité des ZAC au sein des OAP (nouvel art. L. 151-7-1), alors que jusqu'ici, ces éléments ne pouvaient figurer que dans le règlement. Ainsi, les indications de la ZAC peuvent figurer dans le règlement (rapport de conformité) ou dans les OAP (compatibilité).

Si leur contenu est aujourd'hui relativement précis, leur opposabilité reste, quant à elle, source d'incertitudes. Selon l'article L. 152-1, les constructions, aménagements et travaux doivent être « *compatibles* » avec les OAP, « lorsqu'elles existent ». Il est assez évident qu'elles ne sont donc pas obligatoires dans tous les PLU (sauf hypothèse de l'art. R. 151-20). Ensuite, elles sont opposables aux utilisateurs du sol selon un rapport de droit dit de compatibilité (*CE, 8 juill. 2019, n° 418292)*, plus souple que celui de la conformité (par ex. PC doit être conforme au règlement du PLU : exacte identité). Seules les OAP susceptibles de justifier un refus d'autorisation peuvent être contestées par la voie du REP, à la différence d'une OAP imprécise ne créant pas d'obligation pour les propriétaires (ex. pour la prévision d'une liaison assimilable à un ER et non reportée sur les documents graphiques du PLU – *CE, 8 nov. 2017, n° 402511*).

d) Le règlement, fondement de la délivrance des autorisations

Le règlement est constitué d'une partie écrite et d'une partie graphique, qui comporte un ou plusieurs documents (art. R. 151-10). L'originalité vient du fait que les règles peuvent donc être lues ou vues. Le règlement fixe, en cohérence avec le PADD, les dispositions générales et les servitudes d'utilisation et d'occupation des sols permettant d'atteindre les objectifs généraux en matière d'urbanisme (art. L. 101-1 et 2).

1) Le règlement

La modernisation du PLU, engagée en 2016, a réhabilité « l'urbanisme de projet » (Y. Jégouzo) Toutes les règles d'utilisation du sol sont, depuis lors, facultatives. On en déduit d'emblée qu'aucune règle ne revêt plus de caractère obligatoire. Pourtant, en pratique, une réglementation écrite semble indispensable, ne serait-ce que pour atteindre les grands principes directeurs de l'article L. 101-2. Des règles alternatives peuvent assortir les règles générales afin d'en permettre « une application circonstanciée à des conditions locales particulières » (art. R. 151-13). Les conditions de mise en œuvre de ces règles alternatives ne peuvent cependant pas avoir pour effet de créer des régimes dérogatoires. Du reste, cette disposition laisse subsister la possibilité d'obtenir des dérogations au PLU auprès de l'autorité compétente (art. L. 152-4 à 6) ou des adaptations mineures (art. L. 152-3). On distingue désormais deux modalités d'écriture des dispositions du règlement écrit : soit des règles objectives, soit des règles qualitatives. S'éloignant des règles purement métriques rigides (hauteur maximale, x m² d'espaces éco-aménageables, distance minimale séparative), les règles « qualitatives » peuvent désormais définir de façon facultative (pour préserver l'ensoleillement, par exemple) « un résultat à atteindre dès lors que celui-ci est suffisamment précis et vérifiable » (art. R. 151-12). Mais ce n'est pas tout. Une ou plusieurs zones U d'un PLUi peuvent être réglementées par le RNU « sans y ajouter d'autres règles » (art. R. 151-19). Enfin, on l'a vu, il devient possible de soumettre des secteurs de ZU ou ZAU aux seules OAP sans définir dans le règlement les conditions de leur aménagement et de leur équipement (art. R. 151-8 et 20, al. 2).

2) Le zonage obligatoire

Avec le zonage, le maire organise l'avenir du territoire communal en procédant au découpage du territoire en différents types de zones (art. R. 151-17) : les zones urbaines (U) ou à urbaniser (AU) et les zones naturelles (N) ou agricoles et forestières (A). À ce zonage général, s'ajoutent généralement des zonages spécifiques (EBC, emplacements réservés, secteurs protégés, STECAL...). Un arrêt rendu le 18 décembre 2020 par le Conseil d'État illustre à merveille le rôle du volontarisme communal dans l'établissement du zonage, tout autant que la réduction du rôle de l'erreur manifeste d'appréciation dans le contentieux du zonage des parcelles de terrain. L'erreur disparaît en effet derrière ce volontarisme, du moins, dès lors qu'il est argumenté dans le PADD (*CE, 18 déc. 2020, n° 421988*).

- **Les zones urbaines – Zone U (art. L. 151-14 à 16 et R. 151-18)**

Les zones urbaines sont composées des secteurs déjà urbanisés et des secteurs où les équipements publics existants ou en cours de réalisation (la collectivité est en mesure de préciser les délais d'exécution, que la réalisation ait commencée ou non) ont une capacité suffisante pour desservir les constructions à implanter du fait de l'existence des réseaux (électricité, assainissement, viabilisation, et non téléphoniques – *Rép. min. n° 12113, JO Sénat 23 janv. 2020, p. 409*). Cette condition est destinée à éviter le plus possible des refus de PC ou des décisions d'opposition pour des projets situés en zone U. Les terrains classés en zone U sont, en principe, constructibles, *i.e.* un PC ou une autorisation de lotir ne devrait pas pouvoir y être refusé notamment pour défaut d'équipements publics.

Toutefois, bien qu'en zone U, certains espaces restent inconstructibles : emplacements réservés qui, en principe, fixent la destination future du terrain en cause mais qui peuvent être créés pour régulariser un équipement existant (*CE, 19 juill. 2017, n° 397944, Cne d'Ansouis*), terrains cultivés à protéger, espaces boisés classés, périmètres d'inconstructibilité. Par ailleurs, le PC peut être refusé au motif de risques pour la salubrité publique (art. R. 111-2). En outre, en cas de saturation ou d'insuffisance des réseaux (art. R. 111-5), la commune est tenue de refuser l'autorisation de construire. Dans un souci de simplification, le règlement peut désormais délimiter, à l'intérieur d'une zone U ou AU, des secteurs dans lesquels les projets de construction situés sur plusieurs unités foncières voisines sont appréciés comme un « *projet d'ensemble* » et auxquels il est fait application de règles alternatives (art. R. 151-21).

- **Les zones à urbaniser – Zone AU (art. R. 151-20)**

Le classement en zone AU permet à la commune de garder un « vivier » constructible à plus long terme. On y classe les secteurs à caractère naturel « destinés à être ouverts à l'urbanisation ». Le régime des zones AU n'est pas uniforme. Parmi les zones AU, on distingue *les zones 1AU* situées à proximité des réseaux et immédiatement urbanisables et les *zones 2AU* plus distantes des réseaux et urbanisables à terme. La distinction se fait en fonction des réseaux et induit des différences de procédures pour créer la zone en question. Si les réseaux sont suffisants pour desservir les constructions à implanter dans la zone (1AU), les constructions sont autorisées soit lors d'une opération d'aménagement d'ensemble (constructions importantes), soit au fur et à mesure de la réalisation des équipements internes à la zone. Autrement dit, on peut considérer ces zones comme étant déjà ouvertes à l'urbanisation, la conversion des zones AU en zones U pouvant se faire de façon quasi automatique.

En revanche, si les réseaux sont insuffisants, les zones 2 AU sont bloquées et gelées provisoirement. La zone est inconstructible et l'urbanisation, par principe, y est différée. Seule l'évolution du PLU permet de réaliser l'ouverture à l'urbanisation, laquelle est subordonnée soit à une modification, soit à une révision du PLU. Par ailleurs, la modification permettant le passage d'une zone 2AU en zone 1AU est subordonnée à la délibération motivée de l'organe délibérant de l'organe compétent, justifiant l'utilité de cette ouverture au regard des capacités d'urbanisation encore inexploitées dans les zones déjà urbanisées et la faisabilité opérationnelle d'un projet dans ces zones (art. L. 153-38).

- LES ZONES AGRICOLES – ZONE A (ART. R. 151-22 ET 23)

Elles portent sur les secteurs occupés ou non, à protéger en raison de leur potentiel agronomique, biologique ou économique. Le classement en zone A est « pré-affecté » aux terres exploitées (affectées à la culture et à l'élevage) ou exploitables pour l'agriculture, étant précisé que le critère déterminant le classement de parcelles en zone A ne se limite pas aux seules caractéristiques de la parcelle ; il repose aussi sur la vocation de la zone couverte (*CE, 3 juin 2020, n° 429515*). Il s'agit de zones dans lesquelles la constructibilité doit rester très limitée même si des possibilités de construire existent. D'abord, peuvent être autorisées, de façon encadrée, les constructions et installations nécessaires à l'exploitation agricole (dont il faut démontrer une substance économique). Sont visés les bâtiments fonctionnels (serres, hangar, grange) ou constructions nécessaires au stockage et entretien du matériel agricole pour les besoins de certaines coopératives seulement (CUMA). On admet les constructions nécessaires à la transformation et au conditionnement des produits agricoles si elles constituent le prolongement de l'acte de production (bâtiment annexe d'une ferme pour vendre des produits fermiers), mais la présomption de nécessité tombe si un stand de vente de produits fermiers est éloigné de quelques kilomètres de la ferme. Les possibilités de construire sont encore plus limitées pour les constructions à usage d'habitation pour l'exploitant. En principe, une construction est nécessaire à l'activité agricole lorsqu'elle nécessite la présence rapprochée et permanente du chef d'exploitation (si des soins constants aux animaux sont nécessaires) et non s'il s'agit de construire une maison pour la retraite d'un agriculteur âgé ou handicapé. En revanche, la construction d'habitations destinées à accueillir les salariés d'une exploitation agricole peut être admise en zone A. Face à la difficulté de fixer une règle uniforme, la nécessité est examinée au cas par cas par le juge. L'analyse de la jurisprudence montre que le juge traque « *les fausses entreprises agricoles* » en raison des prix très élevés du foncier en zone U et AU.

Sont également admises, de manière conditionnée, les constructions nécessaires à des équipements collectifs (voie de communication, stations d'épuration, éoliennes). Elles ne doivent pas être incompatibles avec l'exercice d'une activité agricole, pastorale ou forestière du terrain sur lequel elles sont implantées et ne doivent pas porter atteinte à la sauvegarde des espaces naturels et des paysages (art. L. 151-11). On le voit, les équipements collectifs ne sont pas autorisés sans conditions en zone agricole, comme l'a rappelé le Conseil d'État à l'égard d'un parc photovoltaïque (*CE, 8 févr. 2017, n° 395464, Sté Photosol ; confirmé CE, 31 juill. 2019, n° 418739, Sté Photosol*). En l'espèce, l'implantation du parc ne permettait pas, le maintien d'une activité agricole significative sur le terrain d'implantation, « compte tenu de la disparition des cultures céréalières précédemment exploitées » et en dépit du fait que l'opération devait s'accompagner « de la plantation d'une jachère mellifère et de l'installation de ruches » sur une partie du terrain. Toutefois, la moisson jurisprudentielle révèle que la sévérité du contrôle du juge varie suivant les projets. Par arrêt du 12 juillet 2019, une serre photovoltaïque a été autorisée même si elle n'était pas entièrement consacrée à l'activité agricole. Le Conseil d'État estime que l'installation de panneaux photovoltaïques en toiture d'une serre n'est pas de nature en soi à remettre en cause la destination agricole de la serre lorsque cette destination est avérée (*CE, 12 juill. 2019, n° 422542*).

Quatre autres exceptions existent :

- d'abord, le PLU peut désigner les bâtiments pouvant faire l'objet d'un « changement de destination », dès lors que celui-ci ne compromet pas l'activité agricole ou la qualité paysagère du site. La destination d'un bâtiment « correspond à l'usage des locaux qu'ils contiennent » (G. Godfrin). Le changement de destination s'apprécie par référence aux catégories et sous-catégories visées à l'article R. 151-27 et requiert l'avis conforme de la CDPENAF (art. L. 151-11, 2° et R. 151-26). Chaque destination principale (exploitation agricole et forestière ; habitation ; commerce et activités de service ; équipement d'intérêt collectif et services publics (CINASPIC) ; autres activités des secteurs secondaire ou tertiaire) est subdivisée en « sous-destinations » (art. R. 151-28) ;
- en outre, les bâtiments d'habitation existants situés en zone agricole peuvent faire l'objet d'extensions (conditions de contiguïté avec le bâtiment et accroissement dans une certaine proportion de l'emprise au sol, surface de plancher, volume ou hauteur d'une construction) ou d'annexes (garages, piscines), dès lors que celles-ci ne compromettent pas l'activité agricole ou la qualité paysagère du site. Les annexes sont situées à proximité d'un bâtiment existant et se différencient des extensions n'étant pas forcément dans la continuité du bâti existant. Dans un souci de protection, le règlement doit préciser la zone d'implantation et les conditions de hauteur, d'emprise et de densité de ces extensions ou annexes afin d'assurer leur insertion dans l'environnement et leur compatibilité avec la destination de la zone (art. L. 151-12) ;
- le règlement permet de délimiter des secteurs de taille et de capacité d'accueil limitées (STECAL) au sein des zones A (et N), dans lesquels des constructions peuvent être autorisées, sous réserve de ne pas porter atteinte à la préservation des sols agricoles (art. L. 151-13). Les STECAL peuvent accueillir trois types de projets : des constructions ; des aires d'accueil des gens du voyage et des résidences démontables constituant l'habitat permanent de leurs utilisateurs

(cabanes de bois, yourtes, etc.). Depuis la loi *ALUR* de 2014, le « pastillage » est admis « de manière exceptionnelle » et après avis de la CDPENAF pour éviter les abus ;

– enfin, deux autres possibilités peuvent encore être mises en œuvre en zone A : d'abord, le droit de reconstruire à l'identique en zone A un bâtiment détruit ou démoli. La règle présume du droit à reconstruire sans perte de constructibilité même en méconnaissance de règles nouvelles (modification PLU), à moins que ce dernier ne neutralise l'application du dispositif (art. L. 111-15). Ensuite, le dispositif, « anti-ruinification » (art. L. 152-4) permet de délivrer des PC pour restaurer un bâtiment protégé par la législation sur les monuments historiques.

- LES ZONES NATURELLES ET FORESTIÈRES – ZONE N (ART. R. 151-24 ET 25)

Il existe cinq catégories de zones naturelles : certaines sont protégées en raison de la qualité des sites, des milieux naturels, des paysages (dites remarquables) ; d'autres en raison de l'existence d'une exploitation forestière ; d'autres, en raison du seul caractère naturel, sans justifier d'un intérêt esthétique ou écologique particulier (dites banales). Deux autres catégories sont justifiées soit par la nécessité de préserver ou restaurer les ressources naturelles, soit par la nécessité de prévenir les risques notamment d'expansion des crues. Peu importe que la zone soit équipée ou non, bâtie ou partiellement bâtie.

Bien que constituant des zones de qualité qu'il faut protéger, elles ne sont pas strictement inconstructibles. Les possibilités d'urbanisation sont identiques à celles admises en zone agricole (A). Il convient de se référer aux articles L. 151-11 à 13 : constructions nécessaires à des équipements collectifs, STECAL, et changement de destination, extensions, annexes. L'avis requis est celui de la commission départementale de la nature, des paysages et des sites (CDNPS) dans l'hypothèse d'application de L. 151-11, et de la CDPENAF dans les autres cas. Il faut y ajouter, même si les cas sont rares en pratique, les cas de transferts de constructibilité qui permettent de monnayer des droits à construire au sein des zones N à protéger en raison de la qualité de leurs paysages (art. L. 151-25). De la sorte, le PLU peut déterminer les conditions de transfert au sein des zones N (terrain émetteur et terrain récepteur des droits), afin de favoriser un regroupement des constructions sur d'autres terrains situés dans un ou plusieurs secteurs de la même zone.

3) La réglementation des zones

En dehors du zonage, le règlement du PLU fixe les règles applicables à l'intérieur de chaque zone du PLU. Les règles sont regroupées en trois groupes thématiques (art. L. 151-9).

- LES RÈGLES RELATIVES À L'AFFECTATION DES SOLS ET À LA DESTINATION DES CONSTRUCTIONS (ART. L. 151-9 À 16 ET R. 151-27 ET S.)

Les auteurs des PLU ont toute liberté pour préciser les usages des sols (commerce, habitation...) ou la nature des activités. Ils peuvent interdire les constructions (mais l'interdiction des lotissements par le POS excède l'habilitation législative du maire, *CE, 19 juill. 2017, n° 396775*). Ils peuvent délimiter des terrains et secteurs protégés (EBC), des secteurs de risques et nuisances (bruits aux abords d'une autoroute), des secteurs d'attente de projet global (art. R. 151-32), des espaces verts. Le règlement peut réglementer la destination et la sous-destination des bâtiments (art. R. 151-27). Chaque destination principale (exploitation agricole et forestière ; habitation ; commerce et activités de service ; équipement d'intérêt collectif et services publics ; autres activités des secteurs secondaire ou tertiaire) est subdivisée en « sous-destinations » (art. R. 151-28). Par exemple, la destination « habitation » se ventile en « logement » et « hébergement » (v. D. n° 2020-78, 31 janv. 2020 qui distingue les types d'hébergement hôteliers et touristiques dans les stations balnéaires et de montagne). Les logements sociaux relèvent de la catégorie « habitation » et non « équipements collectifs » comme vient de le juger le Conseil d'État (*CE, 20 déc. 2019, n° 423407*).

Le règlement du PLU peut même imposer une mixité des destinations et sous-destinations au sein d'une opération (art. R. 151-37). Ainsi, le règlement peut définir des règles différenciées entre le RDC et les étages d'une même construction. Il peut imposer à certains quartiers des impératifs de diversité commerciale notamment à travers le commerce de proximité (art. L. 151-16) ou y définir des bonus de constructibilité pour les programmes de logements comportant une part de logements sociaux (art. L. 151-28, 2° et 4°).

Les auteurs de PLU peuvent également délimiter dans les zones U ou AU des secteurs dans lesquels les programmes de logements comportent une proportion de logements d'une taille minimale (tant de % de T3 ou T4, par ex. art. L. 151-14) mais il ne saurait fixer des règles trop précises sur la répartition de logements dans les projets d'habitat collectif (*CE, 30 mars 2018, Cne Sables d'Olonne, n° 411122*). Il est possible de délimiter dans les mêmes zones, des secteurs dans lesquels, en cas de réalisation d'un programme de logements, un pourcentage de ce programme est affecté à des catégories de logements définies dans le respect des objectifs de mixité sociale (art. L. 151-15), ou encore délimiter « à titre exceptionnel » des STECAL dans les zones naturelles, agricoles ou forestières (art. L. 151-13).

- Les règles relatives à qualité urbaine, architecturale, environnementale et paysagère

Elles sont de loin les plus nombreuses (art. L. 151-17 et s. et R. 151-39 et s.). Au sein de cette catégorie, le Code de l'urbanisme distingue ***3 sous-groupes*** :

– ***le premier est relatif au « cadre de vie ».*** Le règlement du PLU peut fixer des règles d'aspect extérieur des constructions neuves, rénovées ou réhabilitées (*CE, 19 juin 2015, n° 387061, Ville de Paris, Sté Grands magasins de la Samaritaine*). Il peut fixer leurs dimensions, leur alignement sur la voirie et la distance par rapport à la limite séparative (art. L. 151-18). Est légale la délivrance d'un PC sur une construction non conforme au PLU, si la méconnaissance des règles de

prospect n'aggrave pas la non-conformité de la construction (*CE, 7 avril 2021, n° 433609 : règles de prospect de l'article UG7 du PLU de Paris*). Il peut identifier et localiser des éléments de paysage ainsi que des îlots, immeubles, espaces publics à protéger ou à mettre en valeur (art. L. 151-19), comporter des dispositions fixant une superficie minimale de terrain constructible (SMTC) si la préservation de la qualité des boisements et espaces verts le justifie, « dans les secteurs bâtis des zones U issus d'une opération d'aménagement d'ensemble d'un domaine boisé, antérieure au XXe siècle, et ayant conservé leur caractère remarquable de parc » (art. L. 151-20). Le Conseil d'État valide la possibilité d'instaurer des cônes de vue ainsi que des zones *non aedificandi* sur le fondement des articles L. 151-19 et L. 151-23 sous le contrôle poussé du juge (*CE, 14 juin 2021, n° 439453*).
Il peut également imposer aux constructions le respect de performances énergétiques et environnementales renforcées, voire imposer une production minimale d'énergie renouvelable (art. L. 151-21). En outre, la mise en œuvre de la Trame Verte et Bleue (TVB) se manifeste avec force dans le règlement du PLU, ce qui permet de compenser l'effet de densification des zones urbaines existantes qui risque de détruire la végétation dans les zones U. Le règlement peut enfin localiser, dans les zones U, les terrains cultivés et les espaces non bâtis nécessaires au maintien des continuités écologiques à protéger et inconstructibles (art. L. 151-23). Concernant le volume et l'implantation, le règlement fixe les règles maximales et minimales de hauteur et d'emprise au sol des constructions (presque toujours métriques). Le coefficient d'emprise au sol correspond au rapport entre la superficie du sol occupée par la construction implantée sur le terrain et la superficie de ce terrain. Le règlement fixe les repères de volume et densité, et clarifie les possibilités de réglementer le patrimoine à protéger et les impératifs liés à la qualité environnementale des constructions (art. R. 151-39 à R. 151-43). Le règlement peut imposer une part minimale de surfaces non imperméabilisées ou éco-aménageables (*CE, 9 mai 2018, n° 411247*), surface au sol artificialisée mais végétalisée sur une profondeur minimale fixée par le règlement, toitures et murs végétalisés (art. R. 151-43) ;

– ***la seconde série présente des outils favorisant la densification***. Le règlement peut imposer une densité minimale de constructions dans des secteurs situés à proximité des transports collectifs existants (art. L. 151-26), ou octroyer des bonus de constructibilité (art. L. 151-28). Il s'agit d'un dépassement de surface dit « dépassement de gabarit » accordé de manière dérogatoire à certaines constructions faisant preuve, par exemple, d'exemplarité énergétique. Ce dépassement peut être modulé mais ne peut excéder 30 %. L'objectif est de favoriser les constructions énergétiquement performantes, les programmes de logements sociaux ou intermédiaires et les constructions de logements dans les zones tendues (art. L. 151-28, 3°). Le pétitionnaire qui sollicite une telle dérogation doit fournir lors du dépôt de sa demande de PC, une note précise et justificative (art. R. 431-31-2) ;

– ***la troisième série concerne le stationnement*** (art. L. 151-30 à 37). La loi Mobilités du 24 décembre 2019 apporte deux nouveautés en matière de stationnement, dans le cadre du règlement du PLU. L'article L. 151-30 précise que si le PLU réglemente des obligations en matière de stationnement des véhicules motorisés, il doit fixer des obligations « suffisantes » et non plus « minimales » pour les vélos. L'autorité compétente pourra donc apprécier la capacité des emplacements prévus à répondre aux besoins du programme. Le PLU peut aussi diminuer de 15 % les obligations en matière de réalisation d'aires de stationnement pour véhicules motorisés prévues par le PLU, en contrepartie de la mise à disposition de véhicules électriques munis d'un dispositif de recharge adapté ou de véhicules propres en auto-partage (art. L. 151-31).

- Les conditions de desserte de terrains

Enfin, le règlement peut fixer les conditions de desserte des terrains par la voirie qu'elle soit publique ou privée (art. R. 151-47) ou par les réseaux d'eau, assainissement, et énergie ou encore favoriser le développement des communications électroniques (art. R. 151-49). Il est loisible au PLU, en vertu de l'article L. 151-39, de préciser les conditions de l'accès aux terrains par les voies publiques (*CE, 22 juill. 2021, n° 442334*).

4) Les documents graphiques

Les règles peuvent être écrites ou graphiques (art. R. 151-11). Conçus comme projection territoriale de la règle d'urbanisme définie par le règlement, les documents graphiques sont constitués par des cartes et des tableaux localisant les divers secteurs où s'appliquent les règles du PLU (généralement établis au 1/2000e ou au 1/5000e). Ils doivent délimiter clairement les quatre zones U, AU, A et N, quand cela est possible (art. R. 151-17). Doivent être cartographiés s'il y a lieu, les espaces boisés classés (EBC), emplacements réservés, règles d'implantation des constructions concernant les prospects sur voies et limites séparatives (art. R. 151-14). Dans un souci de clarté et de sécurité juridique, le pouvoir réglementaire a apporté de nouvelles précisions (D. n° 2015-1783, 28 déc. 2015). Désormais, seuls la partie écrite et le (ou les) document(s) comportant la partie graphique du règlement sont opposables au titre de l'obligation de conformité (art. R. 151-10). Par ailleurs, si une règle fait exclusivement l'objet d'une représentation dans un document graphique, la partie écrite doit le mentionner expressément, à défaut, le graphique n'est pas opposable (art. R. 151-11).

5) Les annexes

Elles permettent de connaître l'ensemble des charges administratives pesant sur le territoire couvert par le PLU. Les annexes comprennent, s'il y a lieu, outre les servitudes d'utilité publique affectant l'utilisation du sol (art. R. 126-1), les quatorze périmètres de l'article R. 151-52 : périmètres de ZAC, PPEANP, droit de préemption urbain (DPU), ZAC, secteurs sauvegardés (site patrimonial remarquable) mais aussi les dix périmètres de l'article R. 153-53 : périmètres miniers, bois ou forêts relevant du régime forestier... Le principe de l'annexion des SUP au PLU par la procédure de la mise à jour vise à faire du plan « *le réceptacle du droit public foncier local* » applicable à l'ensemble du territoire communal. Après l'expiration d'un délai d'un an à compter de l'approbation du PLU ou de l'institution d'une SUP, seules les servitudes annexées au PLU sont opposables (art. L. 152-7). Les SUP doivent donc être portées en annexe « *sans délai* » par arrêté. À défaut, le préfet a l'obligation de mettre en demeure le maire d'y procéder. Au-delà de 3 mois, le préfet y procède d'office (art. L. 153-60).

■ *Élaboration et gestion*

a) Élaboration

1) L'initiative

Le contexte législatif favorable à l'intercommunalité a conduit le législateur à inscrire l'échelle de l'intercommunalité comme celle de la gouvernance de principe du PLU (PLUi), la compétence communale devant devenir l'exception (art. L. 153-8). La loi *ALUR*, sans imposer l'intercommunalisation du PLU, a renforcé ce mouvement de façon « indirecte » en jouant sur les compétences des communautés de communes et d'agglomération, c'est-à-dire les seuls EPCI à fiscalité propre qui ne disposaient pas de plein droit de la compétence PLU (il s'agissait alors d'une compétence facultative). Malgré cette avancée, le transfert de la compétence PLU aux intercommunalités désormais de droit n'est intervenu qu'à une double condition : de temps, d'abord (l'opposition devait être renouvelée entre oct. et déc. 2020 pour bloquer le transfert au 1er janv. 2021) dont les modalités ont été précisées (*CE, 12 févr. 2020, n° 419439*) ; il est ensuite conditionné par l'absence d'une minorité de blocage (si au moins 25 % des communes représentant au moins 20 % de la population s'y oppose).

Le président de l'EPCI compétent ou le maire conduit la procédure d'élaboration du PLU (art. R. 153-1). La durée d'élaboration d'un PLU est variable, le juge ayant précisé que la longueur de la procédure n'impose pas de reprendre la procédure depuis le début, un PLU adopté 9 ans après sa prescription est régulier (*CAA Bordeaux, 16 mai 2017, n° 14BX01971*). L'instruction du PLU est réalisée, selon les cas, par appel d'offres auprès d'entreprises spécialisées, ou pour les plus petites communes, par les services de l'État, à travers la DDT (mise à disposition gratuite).

L'élaboration du PLU peut donc relever de deux modalités distinctes basées sur le principe de l'élaboration collaborative. Soit le PLU est élaboré à l'initiative et sous la responsabilité d'un EPCI (doté de la compétence en matière de PLU), « *en collaboration* » avec les communes membres, soit il est élaboré à l'initiative et sous la responsabilité de la commune, le cas échéant en « collaboration » avec l'EPCI à fiscalité propre dont elle est membre (art. L. 151-8). L'intensité du dialogue est donc accrue.

On retiendra que dans un cas comme dans l'autre, le PLU doit couvrir l'intégralité du territoire (art. L. 153-1 et s.). Cependant, deux cas existent dans lesquels la couverture du territoire intercommunal n'est pas assurée par un seul PLUi :

- d'abord, ***en cas de fusion d'EPCI***, un sursis provisoire de 5 ans est prévu. En clair, il est possible de retarder l'élaboration d'un PLUi pendant une période de 5 ans à compter de la création de la nouvelle intercommunalité. C'est l'intercommunalité qui est responsable des documents d'urbanisme communaux mais le lancement de l'élaboration d'un PLUi est retardé (art. L. 153-3) ;
- l'autre dérogation au principe « un territoire, un PLUi » concerne « ***les EPCI XL*** » (regroupant au moins 50 communes et non plus 100, depuis la loi dite *Proximité* du 27 déc. 2019). Pour résoudre certaines difficultés politiques et financières, les EPCI peuvent élaborer plusieurs PLUi infracommunautaires sur leur territoire. La dérogation reste accordée par le préfet, étant précisé toutefois que celle-ci cesse de s'appliquer si le territoire de l'EPCI intéressé n'est pas couvert par un SCoT approuvé dans un délai de 6 ans à compter de l'octroi de la dérogation (art. L. 154-4). L'ensemble doit néanmoins couvrir l'intégralité du territoire.

2) La prescription

Le PLU est prescrit lorsque l'EPCI ou le conseil municipal prend une délibération décidant du recours au PLU (art. L. 153-11). L'autorité compétente délibère sur les objectifs poursuivis, mais aussi sur les modalités de la concertation qui associe les acteurs intéressés (art. L. 103-3). Il s'agit de conditions cumulatives mais les deux volets peuvent faire l'objet de deux délibérations successives (*CE, 17 avr. 2013, Cne de Ramatuelle*). La délibération doit être motivée. On sait qu'en vertu de la jurisprudence *Commune de Saint-Lunaire* (*CE, 10 févr. 2010, n° 327149*) rendue en matière de procédure d'élaboration du PLU, a été posée l'obligation pour les élus de délibérer « au moins dans les grandes lignes » sur les objectifs poursuivis, et ce, dès la délibération lançant la procédure d'élaboration ou de révision du PLU. On a pu constater l'effet redoutable de cette jurisprudence puisqu'un PLU élaboré au terme souvent de plusieurs années pouvait être sanctionné par le juge pour un vice commis en tout début de procédure. On rappellera toutefois qu'un arrêt du CE rendu dans sa formation la plus solennelle (*CE, sect., 5 mai 2017, n° 388902*) a mis un terme à cette situation. Le Conseil d'État affirme qu'il n'est désormais plus possible d'invoquer l'illégalité de la délibération fixant les objectifs poursuivis et arrêtant les modalités de la concertation à l'appui d'un recours dirigé contre la délibération approuvant le PLU (revirement de jurisprudence, *Cne de Saint-Lunaire*). En revanche, la légalité de la concertation peut toujours être critiquée à l'appui d'un recours dirigé contre le PLU.

3) Phases d'association et débat d'orientation

S'engage ensuite une vaste phase d'association et de consultation de personnes favorisant la concertation et la cohérence des politiques décentralisées d'urbanisme. La délibération est notifiée aux personnes publiques associées et organismes suivants : État, régions, départements, autorité organisatrice des transports, organismes de gestion des PNR et des parcs nationaux, chambres consulaires, sections régionales de la conchyliculture, le gestionnaire d'infrastructure ferroviaire ayant au moins un passage à niveau ouvert au public dans l'emprise du SCoT ou du PLU (loi *Mobilités*). (art. L. 132-7 et 9). D'autres personnes doivent être consultées « à leur demande » (art. L. 132-12). Enfin, des consultations facultatives peuvent être prévues. Il ne s'agit que d'auditions ponctuelles, le maire n'étant pas tenu de recueillir leur avis (tout organisme ou association compétent en matière d'aménagement du territoire, d'urbanisme, d'environnement, d'architecture, d'habitat et de déplacements).

Temps fort de l'élaboration du PLU, le conseil municipal est aussi tenu de débattre sur les orientations générales du PADD de la commune. Il s'agit d'une séquence pendant laquelle les élus vont pouvoir façonner le projet communal par un échange d'avis constructifs (art. L. 153-12). Le débat ne donne pas lieu à délibération. Pour que l'obligation légale soit remplie, il faut que le débat ait lieu et au plus tard 2 mois avant l'examen du projet de PLU.

Le sursis à statuer, pris sous la forme d'un arrêté, peut être opposé une fois que le débat sur les orientations générales du PADD a eu lieu (art. L. 153-11, al. 3). La jurisprudence précise que le futur PLU doit être cependant dans un état d'avancement suffisant, sans qu'il soit cependant nécessaire que le projet ait déjà été rendu public (CE, 21 avril 2021). Il s'agit d'une mesure exceptionnelle mais qui peut durer (*CE, 11 juill. 2011, Sté du Parc d'Activités de Blotzheim*) même si le législateur a entendu limiter à 3 ans la durée maximale des sursis à statuer (art. L. 424-1).

Pour justifier de l'urgence à suspendre l'exécution d'un sursis à statuer opposé à une demande de PC, le requérant doit démontrer que cette décision affecte gravement sa situation (*CE, 12 juin 2013, Cne de Lambesc*). La décision de sursis à statuer « cesse de produire ses effets, quelle que soit la durée du sursis qu'elle indique, à la date où le PLU dont l'élaboration ou la révision l'avait justifiée est adopté ». Il est donc important pour la collectivité d'avoir en tête les délais de la réitération de la demande de permis à laquelle un sursis a été opposé, sous peine de voir des autorisations tacitement délivrées si la collectivité n'y prend garde (*CE, 11 févr. 2015, n° 361433, SCI Naq Gamma*).

4) Arrêt du projet, communication pour avis et enquête publique

L'organe délibérant de l'EPCI ou le conseil municipal arrête le projet par une délibération qui ne peut intervenir que 2 mois au moins après que le débat sur les orientations du PADD a eu lieu (art. L. 153-14). Lorsque la compétence PLU a été transférée à un EPCI, la possibilité pour les communes concernées de faire entendre leur voix a été renforcée (art. L. 153-15, issu de la loi *Proximité* du 27 déc. 2019). Les conséquences d'un avis défavorable exprimé par l'une des communes lors de l'arrêt du projet de PLU sont modifiées. Si elle émet un avis défavorable sur les OAP ou les dispositions du règlement qui la concernent directement, l'organe délibérant doit délibérer à nouveau. Lorsque le projet de PLU est modifié pour tenir compte de cet avis et que la commune consultée sur cette modification émet un avis favorable ou n'émet pas d'avis dans un délai de 2 mois, l'organe délibérant de l'EPCI arrête le projet modifié à la majorité simple des suffrages exprimés. Dans tous les autres cas, le projet de PLU est arrêté à la majorité des 2/3 des suffrages exprimés. Si l'élaboration d'un plan de secteur est envisagée, l'avis des communes concernées par la mise en place de ces plans est désormais obligatoire. Par ailleurs, une commune pourra solliciter la mise en œuvre de la procédure de modification simplifiée du PLU si celle-ci ne concerne que son territoire.

Le projet est ensuite soumis pour avis aux personnes publiques associées à son élaboration, et autres personnes mentionnées à L. 153-16, ainsi qu'à leur demande, aux communes limitrophes, aux EPCI directement intéressés. La CDPENAF est saisie pour avis dès que l'élaboration d'un PLU d'une commune située en dehors du périmètre d'un SCoT approuvé a pour conséquence une réduction des surfaces des espaces naturels, agricoles et forestiers (C. rur., art. L. 112-1-1). Il est aussi demandé de soumettre à l'avis conforme de la CDPENAF tous les PLU qui attentent substantiellement aux surfaces, quelle que soit leur localisation (hors SCoT ou pas). Les surfaces soustraites à l'activité agricole à considérer sont, en principe : les créations ou extensions de zones urbaines (U) ou d'urbanisation future (AU) ; en zone agricole (A) et naturelle (N) : la création de STECAL et les surfaces nécessaires aux constructions et installations nécessaires à des équipements collectifs (art. L. 151-11). La délibération fait l'objet des mesures de publicité mentionnées à l'article R. 153-3 (affichage en mairie ou au siège de l'EPCI pendant 1 mois et dans ce cas, dans toutes les mairies concernées).

5) L'enquête publique

Le projet de PLU arrêté est soumis à enquête publique par le président de l'EPCI ou par le maire (art. L. 153-19 et R. 153-8 et s.). Ce mécanisme de consultation de la population, dont l'objectif est démocratique, est encadré par un commissaire enquêteur désigné par le président du tribunal administratif. Si le maire constate des irrégularités dans le rapport du commissaire enquêteur, il lui appartient de ne pas donner suite à la procédure, sachant que la responsabilité de l'État ne peut être engagée en raison des irrégularités commises (*CE, 13 mars 2019, n° 418170*). Concernant l'absence des avis émis par les personnes publiques consultées dans le dossier d'enquête publique, il faut tenir compte de la possibilité d'invoquer la jurisprudence « *Danthony* ». Depuis l'arrêt de

2011, le juge administratif n'annule pas forcément un acte illégal. Il ne l'annule que si l'irrégularité a eu un effet sur le sens de la décision prise ou si elle a privé les intéressés d'une garantie. Dans une affaire récente, plusieurs personnes publiques devaient être consultées. Or, les avis concernés n'avaient pas été joints au dossier soumis à enquête publique. Toutes avaient rendu un avis favorable, à l'exception du syndicat mixte départemental de l'eau qui, dans son avis, suggérait des modifications qui méritaient d'être analysées. Le juge a toutefois refusé de sauver la décision contestée (pas de danthonysation), l'irrégularité ayant eu un effet sur le sens du PLU finalement adopté, ce qui entraîne l'annulation du PLU (*CAA Bordeaux, 29 nov. 2016, n° 15BX01131*).

6) Approbation du PLU

Dernière étape du processus d'élaboration du PLU, le projet de PLU est approuvé à la majorité des suffrages exprimés, en tenant compte des avis qui ont été joints au dossier. Le PLU est éventuellement modifié au moment de l'approbation pour tenir compte des résultats de l'enquête publique (art. L. 153-21). Poursuivant son travail de sécurisation des documents d'urbanisme et des délibérations du conseil municipal, le Conseil d'État a admis que la circonstance qu'un conseiller municipal intéressé au classement d'une parcelle ait participé au vote du PLU n'entraîne l'illégalité de celui-ci que s'il ressort que, du fait de l'influence que ce conseiller a exercée (part active prise au débat, par ex.), la délibération a pris en compte son intérêt personnel (*CE, 12 oct. 2016, n° 387308, Kerwer*). Mais, un changement de zonage proposé par un conseiller municipal dans un intérêt personnel « ne se confondant pas avec ceux de la généralité des habitants » fait encourir l'annulation partielle du PLU (*CAA Bordeaux, 12 janv. 2017, n° 14BX03968*). Les conditions dans lesquelles le maire est remplacé en cas de conflit d'intérêts ont été précisées par la haute juridiction (*CE, 30 janv. 2020 ; AJDA 2020, n° 5, p. 265*).

7) Entrée en vigueur

Pour les communes couvertes par un SCoT (art. L. 153-23), la délibération approuvant un PLU entre en vigueur dès lors qu'elle a été publiée et transmise au représentant de l'État dans le département. Elle est exécutoire à compter de la date la plus tardive entre la publication et la transmission au représentant de l'État (art. R. 153-21 ; *CE, 2 avr. 2021, req. n° 427736*). Toutefois l'absence de publication au recueil des actes administratifs de la commune reste sans incidence sur son caractère exécutoire (*CE, 13 févr. 2015, n° 370458*).

Pour les communes non couvertes par un SCoT ou lorsque le PLU comporte des dispositions tenant lieu de PLH, le caractère exécutoire est différé. Soit le préfet ne notifie pas de demande de modification et l'acte publié approuvant le PLU devient exécutoire 1 mois suivant la transmission au préfet (art. L. 153-24). Soit dans le délai d'1 mois suivant transmission au préfet, ce dernier notifie à la commune les modifications à apporter (incompatibilité avec les normes supérieures, avec l'utilisation des sols des communes voisines...) et le PLU devient exécutoire dès la publication et la transmission au préfet de la délibération du conseil municipal approuvant les modifications. Le préfet dispose de sept motifs larges (art. L. 153-25) lui permettant de bloquer l'entrée en vigueur du PLU (par exemple le PLU ne répond pas aux objectifs de répartition équilibrée et diversifiée de logements, de renouvellement du parc immobilier et d'accroissement du nombre de logements et de places d'hébergement nécessaires...).

b) L'adaptation du PLU

Le contenu du PLU n'est pas fixé une fois pour toutes, il doit pouvoir évoluer. On dénombre neuf procédures, définies aux articles L. 153-31 à 153-59. Les deux procédures historiques d'évolution du PLU sont la révision et la modification, ces deux procédures pouvant elles-mêmes se décliner en procédures intermédiaires (révision et modification simplifiée). Il faut ajouter la procédure de mise en compatibilité avec un document supérieur, ou avec une DUP, ou avec une déclaration de projet. Enfin, l'article L. 300-6-1 encadre deux procédures intégrées, soit pour le logement, soit pour l'immobilier d'entreprise. Au sein de cette kyrielle, le champ respectif de chacune des procédures n'est pas toujours un modèle de simplicité.

1) La modification de droit commun

Émanation assouplie de la procédure de révision complexe et lourde, la modification doit être envisagée sous réserve des cas où une révision s'impose (art. L. 153-36). Elle peut être mise en œuvre lorsque la commune envisage de modifier le règlement ou les OAP ou, depuis la loi *ALUR*, le programme d'orientations et d'aménagement (POA). Si le projet porte sur l'ouverture à l'urbanisation d'une zone, le dispositif est plus strict car il oblige la commune à justifier par délibération que l'urbanisation ne peut pas se faire dans une zone déjà urbanisée (art. L. 153-38). La procédure de modification trouve aussi à s'appliquer lorsque l'objet est de majorer de plus de 20 % des possibilités de construction résultant, dans une zone, de l'application de l'ensemble des règles du plan ; soit de diminuer ces possibilités de construire ; soit de réduire la surface d'une ZU ou ZAU.

La procédure, initiée par le président de l'EPCI ou le maire (art. L. 153-37), est de courte durée (4 à 6 mois), ne nécessitant ni prescription, ni concertation, ni élaboration associée du projet, ni débat sur le PADD. Seule une exigence de notification du projet pour information et, dans certains cas, pour avis aux personnes publiques associées et une enquête publique sont requises (ce qui la différencie de la modification simplifiée). Dans le cas d'un PLUi, l'enquête publique peut n'être organisée que dans les communes concernées par la révision (art. L. 153-42). La procédure fait l'objet d'un porter à connaissance par l'État. La modification est enfin approuvée par l'organe délibérant. Dans sa décision *Société Denali Consulting et autres* du 28 janvier 2021, le Conseil d'État tranche pour l'exclusion de la modification d'un PLU du champ d'application du sursis à statuer (*n° 433619*).

2) *La modification simplifiée*

Procédure plus légère, la modification simplifiée concerne des évolutions limitées, portant sur les modes d'utilisation courante des sols. Cette procédure peut être à l'initiative soit du président de l'EPCI ou du maire d'une commune membre de cet EPCI si la modification ne concerne que le territoire de cette commune, soit du maire dans les autres cas. Son champ d'application est défini « en creux » c'est-à-dire dans tous les autres cas que ceux évoqués pour les autres procédures mais surtout en cas de rectification d'une erreur matérielle (art. L. 153-45) et de majoration des possibilités de construction visées à l'article L. 151-28 (art. L. 153-46). Ces dernières autorisent à dépasser les règles de gabarit, hauteur et emprise au sol pour agrandir une construction, favoriser la construction de logements sociaux ou intermédiaires ou les constructions écologiquement performantes. Le Conseil d'État a admis le recours à cette procédure « en cas de malfaçon rédactionnelle ou cartographique portant sur l'intitulé, la délimitation ou la réglementation d'une parcelle, d'un secteur ou d'une zone ou le choix d'un zonage, dès lors que cette malfaçon conduit à une contradiction évidente avec les intentions des auteurs du PLU » (*CE, 31 janv. 2020, n° 416364*). En revanche, la procédure ne peut avoir pour objet d'autoriser une nouvelle activité incompatible avec la vocation d'une zone ou d'un secteur définis par le PLU (*CE, 21 juill. 2021, req., n° 434130*). La modification simplifiée n'est pas soumise à enquête publique et ne nécessite qu'une simple mise à disposition (art. L. 153-47 et 48).

3) *La révision normale*

La procédure, longue et complexe (art. L. 153-31 à L. 153-35), est calquée sur celle de l'élaboration du PLU, ce qui signifie que réviser revient à changer de document d'urbanisme (art. L. 153-3). La révision permet de refondre en totalité un document d'urbanisme, dont on touche notamment « le cœur », à savoir son PADD (*CAA Bordeaux, 28 mars 2019, n° 18BX02392*) mais pas seulement. En l'absence de changement du PADD, il y a lieu de recourir également à la révision lorsque la commune envisage : soit de réduire un espace boisé classé, une zone agricole ou une zone naturelle et forestière ; soit de réduire une protection édictée en raison des risques de nuisance, de la qualité des sites, des paysages ou des milieux naturels, ou d'une évolution de nature à induire de graves risques de nuisance ; soit de créer des OAP « de secteur d'aménagement » valant création de ZAC, la loi *ÉLAN* ayant prévu que la délibération d'approbation du PLU puisse valoir création de ZAC si elle prévoit des OAP pour le périmètre visé (art. L. 151-7-2). Dans un souci de lutte contre la « dormance » de réserves foncières sans réel projet d'urbanisation, le recours à la révision est obligatoire pour ouvrir à l'urbanisation une zone classée à urbaniser (AU), si dans les 9 ans de sa création, elle n'a pas été ouverte à l'urbanisation ou n'a pas fait l'objet d'acquisitions foncières significatives de la part de la commune ou de l'EPCI (art. L. 153-31).

4) La révision simplifiée

La procédure est simple : l'engagement de la procédure est de la responsabilité du président de l'EPCI compétent (ou du maire) qui saisit l'organe délibérant afin qu'il se prononce sur les objectifs poursuivis et les modalités de la concertation (art. L. 103-2 et s.). Le projet arrêté fait l'objet d'un examen conjoint de l'État et de l'EPCI compétent (ou de la commune) ainsi que des personnes publiques associées. L'article L. 153-34 limite cette procédure aux hypothèses suivantes : réduction d'un EBC, réduction d'une zone agricole, une zone naturelle et forestière, réduction d'une protection édictée en raison des risques de nuisance, de la qualité des sites, des paysages ou des milieux naturels ou induction de graves risques de nuisance sans que cette réduction ou ce risque porte atteinte aux orientations définies par le PADD (sinon basculement dans le champ de la révision normale), ou si la révision a exclusivement pour objet la création d'OAP valant création d'une ZAC (art. L. 153-34).

5) Mise en compatibilité avec une opération d'utilité publique ou d'intérêt général

Une opération faisant l'objet d'une DUP ne doit pas compromettre le parti d'aménagement retenu par la commune au travers de son PLU, ce qui est logique. Mais, il est souvent nécessaire d'adapter le plan local avec un projet présentant un caractère d'utilité publique (DUP) ou d'intérêt général (déclaration de projet). C'est pourquoi, il existe une procédure autonome (art. L. 153-54 et s.) dont l'intérêt principal tient à sa relative simplicité puisqu'elle ne nécessite pas de concertation préalable et que la consultation des personnes publiques associées se réduit à un simple « examen conjoint » (art. R. 153-14 et s.).

Afin de « mettre de l'huile dans les rouages », la DUP ou la déclaration de projet d'une opération incompatible avec les dispositions d'un PLU ne peut intervenir que si une enquête publique conjointe concernant cette opération a porté à la fois sur l'utilité publique ou l'intérêt général de l'opération et sur la mise en compatibilité du plan qui en est la conséquence. Cependant, le Conseil d'État a précisé les limites de la nécessaire compatibilité entre le PLU et les DUP : une telle opération ne peut pas être déclarée incompatible avec un PLU, compte tenu du caractère programmatique tant de l'opération à ce stade que du classement en zone 2AU (*CE, 5 déc. 2018, SPL Territoire 25*).

6) Mise en compatibilité ou prise en compte d'un document supérieur

Ce dispositif a pour objet d'assurer de manière efficace le respect de la hiérarchie des normes par les PLU. La mise en compatibilité permet à l'État, si nécessaire, de mettre en demeure la commune de procéder à l'évolution de son PLU pour prendre en compte les « intérêts supra communaux ». L'EPCI ou la commune procède à une analyse de la compatibilité du PLU avec les documents mentionnés à l'article L. 131-4 (SCoT, SMVM, plans de mobilité) et à l'article L. 131-5 (plan climat-air-énergie territorial (PCET) et plans de mobilité franciliens) et délibère sur son maintien en vigueur, ou sur sa mise en compatibilité, laquelle s'effectue selon les modalités de la procédure de modification simplifiée décrite ci-dessus (art. L. 131-7). Dans tous les cas, lorsqu'un PLU doit être rendu compatible avec un document supérieur ou le prendre en compte, ou permettre la réalisation d'un projet d'intérêt général postérieur à son approbation, l'autorité administrative compétente de l'État en informe l'EPCI ou la commune (art. L. 153-49) en lui adressant un dossier indiquant les motifs pour lesquels il considère que le PLU ne respecte pas les obligations de mise en compatibilité et de prise en compte (art. L. 153-50). Dans un délai d'1 mois, l'EPCI ou la commune fait savoir aux services de l'État s'il entend opérer la modification simplifiée nécessaire prévue à l'article L. 131-7. À défaut d'accord dans ce délai ou, en cas d'accord, mais à défaut d'une délibération approuvant la modification simplifiée du PLU à l'issue d'un délai de 6 mois à compter de la notification initiale de l'autorité étatique, celui-ci engage et approuve la mise en compatibilité du plan (art. L. 153-51). Ce n'est donc qu'au terme de ce délai que le préfet peut « reprendre la main » avec une mise en demeure de la commune ou de l'EPCI qui, restée infructueuse, l'autorise à engager lui-même la procédure de modification simplifiée.

c) Évaluation et suivi du PLU

La directive 2001/42/CE relative à l'évaluation des incidences de certains plans et programmes sur l'environnement a généralisé cette obligation. Transposée en droit français en 2004 par ordonnance (art. L. 104-1), les mesures d'application ont été adoptées par le pouvoir réglementaire (art. R. 104-1). Une nouvelle réforme est intervenue par ordonnance du 3 août 2016. Cependant, dans sa décision du 19 juillet 2017 (*n° 400420*), le Conseil d'État a relevé que le champ de l'évaluation environnementale, fixé par le décret en cas de modification et de mise en compatibilité du PLU, n'était pas suffisamment large et ne permet pas « de prévoir qu'il en soit réalisé une dans tous les cas où il pourrait pourtant y avoir des incidences notables sur l'environnement » (au sens de la directive du 27 juin 2001). Tirant les conséquences de la décision du CE, le décret relatif à l'évaluation environnementale, modifiant les articles R.104-1 et suivants (non publié à ce jour), prévoit que tous les PLU sont tenus d'intégrer une évaluation environnementale, lors de leur élaboration, révision et parfois modification ou leur mise en compatibilité.

Outre l'évaluation environnementale qui se systématise, d'autres modalités d'évaluation et de suivi de la mise en œuvre du PLU existent. De la sorte, les auteurs de PLU doivent réaliser, tous les neuf ans, une analyse des résultats de l'application du PLU au regard des objectifs fixés par l'article L. 101-2 (équilibre, qualité urbaine, mixité sociale, utilisation économe des espaces fragiles). Ce délai est ramené à *six ans* si le PLU tient lieu de PLH (art. L. 153-27 et L. 153-28). Pour ces mêmes PLU tenant lieu de PLH, obligation est faite à l'organe délibérant de réaliser, tous les trois ans si le plan n'est pas mis en révision, un bilan de l'application des dispositions de ce plan relatives à l'habitat, au regard des objectifs ambitieux de l'article L. 302-1 du CCH (répondre aux besoins en logements et en hébergement, favoriser la mixité sociale...).

Dans tous les cas, cette analyse des résultats est l'occasion pour l'organe délibérant de se prononcer sur l'opportunité de réviser le PLU. Par ailleurs, si le préfet constate que le PLU ne répond pas aux « objectifs locaux à prendre en compte en matière de diversité de l'habitat, de répartition équilibrée des différents types de logements, de renouvellement du parc immobilier, d'accroissement du nombre de logements et de places d'hébergement nécessaires » (CCH, art. L. 302-1), il peut demander les modifications nécessaires. À défaut d'accord, le préfet engagera la modification ou la révision du PLU. Les pouvoirs préfectoraux sont donc accrus.

d) L'annulation des PLU

L'annulation d'un PLU ne doit pas créer de vide juridique. Du reste, les effets du jugement d'annulation, sont régis à l'article L. 600-12 selon lequel l'annulation ou la déclaration d'illégalité d'un PLU a pour effet de remettre en vigueur le document d'urbanisme immédiatement antérieur, voire le RNU ou le POS antérieur. On ne peut donc exclure un retour en force d'un ancien POS « dormeur » (L. 174-6) avec des conséquences risquées, en termes de réglementation locale, de fragmentation de la base légale des autorisations d'urbanisme (maintien du COS, SMTC...). Toutefois, la loi *ÉLAN* limite désormais le retour du POS à une durée de 24 mois à compter de la date d'annulation ou de déclaration d'illégalité du PLU. L'avis du Conseil d'État rendu le 3 avril 2020 précise que les POS caducs sont remis en vigueur pour une durée de 24 mois même en cas d'annulation du document d'urbanisme postérieur avant l'entrée en vigueur de la loi *ÉLAN* et, dans cette hypothèse, le délai de 24 mois ne commence à courir qu'à compter de l'entrée en vigueur de la loi *ÉLAN*. (*CE, avis contentieux, 3 avr. 2020, n° 436549*).

Au terme de ce délai, et à défaut de PLU ou de carte communale exécutoire, le retour au RNU s'impose (art. L. 174-6, al. 2). Conformément à une jurisprudence établie, l'annulation d'un PLU n'entraîne pas de plein droit l'annulation des autorisations prises sur son fondement. Un requérant peut demander l'annulation d'un PC en se prévalant de ce qu'il a été délivré sous l'empire d'un document d'urbanisme illégal (*CE, sect., 7 févr. 2008, n° 297727*), à la condition que le permis méconnaisse les « dispositions d'urbanisme pertinentes remises en vigueur par l'effet de la déclaration d'illégalité ». L'objectif, traduit à l'article L. 600-12, est de restreindre les effets attachés à l'annulation des documents d'urbanisme sur les autorisations d'urbanisme. Accentuant davantage la protection accordée aux autorisations d'urbanisme, l'article L. 600-12-1 (Loi *ÉLAN*) prévoit que si l'annulation du PLU repose sur un « motif étranger » aux règles d'urbanisme applicables au projet (par ex. insuffisante motivation des conclusions du commissaire enquêteur), l'annulation du document d'urbanisme est sans effet sur les autorisations concernées. On le voit, il revient désormais au juge de trancher d'abord la question de savoir si le motif d'annulation retenu est étranger aux règles d'urbanisme applicables au projet, puis d'examiner la légalité du permis au regard des dispositions de l'ancien PLU remises en vigueur (*CE, sect., 2 oct. 2020, n° 432511 et 436284, SCI du Petit Bois*). On doit aussi tenir compte du cas où le document est entaché d'un vice de forme ou de procédure, puisque l'article L. 600-1 n'autorise pas, sauf hypothèses particulières, qu'une illégalité résultant de tels vices soit « *invoquée par voie d'exception, après l'expiration d'un délai de six mois à compter de la prise d'effet du document en cause* ». Le Conseil d'État a précisé pour la première fois qu'il convient de se placer à la date de délivrance du permis pour apprécier la légalité du document d'urbanisme (*CE, 2 oct. 2019, n° 420808).*

■ *Les effets*

a) Effet de la prescription

En application de l'article L. 113-2, la délibération prescrivant l'élaboration d'un PLU peut soumettre à déclaration préalable, sur tout ou partie du territoire, « les coupes ou abattages d'arbres isolés, de haies ou réseaux de haies et de plantations d'alignement ». On rappellera que lorsqu'un projet, objet d'un PC, implique la coupe ou l'abattage d'arbres au sein d'un EBC, la délivrance du PC est subordonnée à une décision préalable de non-opposition à cette déclaration. Le Conseil d'État a jugé que le PC peut valoir lui-même décision de non-opposition, à la condition que la déclaration préalable soit jointe au dossier de demande du PC (*CE, 28 avr. 2017, n° 396172*).

b) Effets de l'approbation

1) Transfert de compétences

La première approbation du PLU entraîne le transfert à la commune de la compétence de délivrer sous sa responsabilité, les permis de construire, d'aménager ou de démolir et actes assimilés et de déterminer librement les règles d'urbanisme s'appliquant sur son territoire. Ce transfert de compétence revêt un caractère irréversible. Dans les communes dotées d'un PLU ou d'un document d'urbanisme en tenant lieu, l'article L. 422-1 donne compétence au maire, au nom de la commune, pour délivrer les PC et autres autorisations d'urbanisme. Par exception, le préfet est compétent pour certains travaux, constructions, ouvrages, opérations et installations énumérés à l'article L. 422-2. La modification des articles L. 422-2 et L. 302-9-1 par la loi *ALUR* permet également au préfet de paralyser certaines compétences communales et notamment, la délivrance des PC, dans les communes en constat de carence. Le préfet a compétence pour la délivrance des autorisations nécessaires à la réalisation des « opérations de logements situés dans les secteurs arrêtés par le préfet ». Ce transfert de compétence s'opérera dans l'arrêté de carence, définissant les secteurs concernés dans la commune (CCH, art. L. 302-9-1).

2) Opposabilité du PLU

L'approbation du PLU consacre son opposabilité. C'est elle qui détermine le transfert de compétence en matière d'autorisation et d'utilisation du sol au profit de la commune ou de l'EPCI. À compter du jour où la délibération approuvant le PLU est devenue exécutoire, le PLU fonde l'octroi ou le refus des autorisations d'urbanisme (*CE, 31 déc. 1976, n° 03164, Ass. Les amis de l'île de Groix*). L'exécution par toute personne publique ou privée de tous travaux, constructions, plantations, affouillements ou exhaussements des sols doivent être conformes au règlement et à ses documents graphiques. Ces travaux ou opérations doivent en outre être compatibles, lorsqu'elles existent, avec les orientations d'aménagement et de programmation (OAP) (art. L. 152-1).

En principe, les règles du PLU ne peuvent faire l'objet d'aucune dérogation. Un projet de construction ne peut donc être autorisé que s'il en respecte toutes les règles. Toutefois, depuis quelques années, le droit de l'urbanisme apporte un certain nombre d'exceptions au principe de l'interdiction. Initialement prévues pour répondre à des hypothèses particulières, les possibilités de dérogation ont été sensiblement étendues pour stimuler la construction de logements. Elles sont désormais clairement identifiées et répertoriées au code dans une même section pour davantage de lisibilité (art. L. 152-4, L. 152-5 et L. 152-6). L'autorité compétente en matière d'ADS peut déroger aux règles du PLU relatives à l'implantation, à la hauteur et à l'aspect extérieur afin de permettre aux bénéficiaires de mettre en œuvre une protection contre le rayonnement solaire, une isolation thermique en façade des constructions ou une surélévation des toitures. La dérogation est étendue à l'installation d'ombrières dotées de procédés de production d'énergies renouvelables situées sur des aires de stationnement (art. L. 152-5, mod. loi *Climat* du 8 nov. 2019).

Les règles et servitudes définies par le PLU peuvent, par ailleurs, faire l'objet d'adaptations mineures (art. L. 152-3) que l'administration, saisie d'une demande de permis, doit étudier spontanément (*CE, 11 févr. 2015, n° 367414*). Elles n'ont pas à être suggérées par le pétitionnaire. L'adaptation mineure n'autorise qu'un faible dépassement par rapport à la règle d'urbanisme (ne dépassant pas en moyenne 5 % autorisés) et « doit être rendue nécessaire par la nature du sol, la configuration de la parcelle ou le caractère des constructions avoisinantes ». À défaut d'être motivée par le maire, l'adaptation mineure encourt l'annulation et justifie la recevabilité d'un référé suspension (*CE, 16 juill. 2010, n° 330154, SCI 3 Lys*). Elle doit être enfin, nécessaire et pas seulement utile.

3) Autres effets

L'approbation du PLU vaut création d'une ZAC lorsque deux conditions sont remplies : l'EPCI ou la commune qui approuve le PLU a compétence pour créer la ZAC et le PLU approuvé contient des OAP couvrant le périmètre de la ZAC (art. L. 151-7-2).

L'approbation ouvre également à la commune la possibilité d'instituer le droit de préemption urbain (DPU) dans les zones U et AU du PLU, et rend possible la conclusion de conventions de projet urbain partenarial (PUP ; art. L. 332-11-3). Le PUP créée par la loi du 25 mars 2009 est un mode de financement conventionnel des équipements publics par la conclusion d'une convention qui prévoit la prise en charge financière des équipements par les propriétaires des terrains, les aménageurs ou les constructeurs. L'approbation du PLU initial permet de délimiter des périmètres de restauration immobilière et emporte aussi classement des espaces boisés (art. R. 421-23).

Le propriétaire d'un terrain situé en emplacements réservés ou grevé d'une servitude (art. L. 151-41) peut mettre en œuvre son droit de délaissement dans les conditions et délais de l'article L. 230-1 (art. L. 152-2). Le droit de délaissement permet au propriétaire d'un fonds grevé, d'enjoindre la collectivité publique d'acquérir le bien faisant l'objet de la réserve. Toutefois, le cédant peut obtenir réparation du préjudice porté à son bien, lorsque la commune, n'a pas maintenu l'affectation du bien à la mission d'intérêt général ayant justifié la mise en réserve, revendu le terrain qu'elle a rendu constructible, à une personne privée, même plusieurs années après la cession initiale du bien et la revente de celui-ci (25 ans ; *Cass. 3e civ., 18 avr. 2019, n° 18-11414*).

3 La carte communale

La carte communale a été conçue pour les petites communes. Document facultatif, elle permet aux collectivités, si elle est adoptée, d'échapper à la règle de constructibilité limitée en permettant d'ouvrir à l'urbanisation des zones qui seraient inconstructibles en son absence. La carte permet même de rendre inconstructibles des zones déjà partiellement urbanisées (*CE, 15 avr. 2016, n° 390113* : validation d'une carte communale classant une zone précédemment constructible en zone inconstructible). Inscrite au sein de la hiérarchie des normes, la carte communale respecte les principes du droit de l'urbanisme (art. L. 161-3). Elle est compatible notamment avec les SCoT, SMVM... (art. L. 131-4). En l'absence de SCoT, il faut se référer à l'article L. 131-6.

Fin 2020, environ 5 740 communes françaises étaient dotées de cartes communales. Ce chiffre devrait substantiellement diminuer puisque 40 % des communes couvertes par une carte communale (environ 2 300 communes) seront bientôt couvertes par un PLUi. Or, en raison d'un vide juridique sur la procédure applicable à la nécessaire abrogation des cartes communales, une proposition de loi a été adoptée en 1re lecture par le Sénat le 9 février 2021 et a été transmis à l'AN. Le texte vise à répondre aux difficultés soulevées par l'application des réformes des lois *SRU* et *ALUR* sur le sort des cartes communales et de préciser, au sein du code de l'urbanisme, les étapes des procédures d'abrogation (C. urb., art. L. 164-1 et s.).

■ *Un contenu sommaire*

La première mission de la carte communale consiste à préciser les modalités des règles générales d'urbanisme. Elle reste avant tout, un acte d'interprétation du RNU. Les cartes communales comportent un RP et un ou plusieurs documents graphiques (art. L. 161-1). Le rapport expose les prévisions de développement et explique les choix retenus pour la délimitation des secteurs où les constructions sont autorisées. Il évalue les incidences de la carte sur l'environnement. Le RP doit être suffisant et envisager l'incidence du zonage retenu sur les milieux physiques, naturels, agricoles et urbains. À la suite de l'annulation par le Conseil d'État (*CE, 9 juill. 2017, préc.*) des articles R. 104-1 à R. 104-16, R. 104-21 et R. 104-22 du décret de 2015 qui ne permettaient pas de soumettre à évaluation environnementale l'ensemble des cartes communales susceptibles d'avoir des incidences notables sur l'environnement, il convient d'attendre la publication du nouveau décret qui permettra de pallier ce vide juridique.

Les documents graphiques, opposables aux tiers (art. R. 162-2), se présentent sous la forme d'une sectorisation et délimitent des secteurs constructibles et des secteurs inconstructibles. La carte permet avant tout de délimiter les secteurs constructibles ou inconstructibles, ou plus précisément des secteurs où il ne peut être construit de bâtiments réellement nouveaux. En effet, les cartes communales ne peuvent interdire l'adaptation, le changement de destination, la réfection ou l'extension des constructions existantes ou nécessaires à des équipements collectifs ou agricoles, ou au stockage et à l'entretien du matériel des coopératives d'utilisation de matériel agricole (L. *ÉLAN*) (art. L. 161-4). Elles peuvent, en outre, identifier les secteurs dans lesquels la reconstruction à l'identique d'un bâtiment n'est pas autorisée (art. R. 161-7 – dans les zones inondables, par exemple) ou les secteurs réservés à l'implantation d'activités incompatibles avec le voisinage des zones habitées (art. R. 161-5). La carte peut classer des terrains en zone inconstructible (*CE, 15 avr. 2016, n° 390113*).

La carte comporte en annexe les servitudes d'utilité publique affectant l'utilisation du sol, faute de quoi ces servitudes ne sont pas opposables (art. L. 162-1). L'annexion des SUP aux cartes communales est rendue obligatoire depuis la loi *ALUR* (art. L. 126-1), le législateur ayant souhaité enrichir le document d'informations essentielles difficilement accessibles pour les habitants et les porteurs de projets. Les conditions de mise à jour des annexes sont précisées (art. R. 163-8).

En revanche, la carte communale ne définit pas de PADD. Contrairement au PLU, elle ne peut pas réglementer de façon détaillée les modalités d'implantation sur les parcelles (types de constructions autorisées, densités, règles de recul, aspect des constructions, stationnement, espaces verts...) et elle ne peut contenir d'OAP. Ce sont les dispositions du RNU qui s'y appliquent. C'est ainsi que dans les territoires couverts par la carte communale, les autorisations d'occuper et d'utiliser le sol sont instruites et délivrées sur le fondement du RNU et des autres dispositions législatives et réglementaires applicables (art. R. 162-1). Elle a pour objet de transformer les règles permissives initiales du RNU en règles normatives locales.

■ *Une élaboration souple mais contrôlée*

La carte communale est élaborée à l'initiative de la commune ou de l'EPCI compétent (art. L. 163-3). La décision d'élaborer une carte communale constitue un acte préparatoire et n'est pas subordonnée à l'intervention d'une délibération du conseil municipal (*CE, 19 juill. 2017, n° 403805*). Pour le reste, la procédure d'élaboration et de révision se réduit aux garanties principales : mise à part l'obligation d'une enquête publique environnementale (art. L. 163-5), rien n'est imposé.

Le préfet à la demande du maire ou de sa propre initiative, transmet, par le « porter à connaissance » toutes informations utiles. La carte est également soumise pour avis à la chambre d'agriculture et à la CDPENAF qui rend son avis au plus tard 2 mois après transmission du projet de carte par le maire ou le président de l'EPCI compétent (art. L. 163-4). À défaut, cet avis est réputé favorable. Le Conseil d'État a précisé, dans l'arrêt *Sempy*, la portée de l'article L. 600-9 et sa combinaison avec la jurisprudence *Danthony* en vue de permettre la régularisation, en cours d'instance, d'un vice affectant la procédure d'élaboration ou de révision d'un document d'urbanisme. L'omission de consultation d'une PPA peut être régularisée sur le fondement de l'article L. 600-9, ce qui permet d'éviter l'annulation du document d'urbanisme (*CE, 22 déc. 2017, n° 395963*).

La procédure d'approbation se singularise par une approbation conjointe du conseil municipal et du préfet (art. L. 163-6 et L. 163-7). D'abord approuvée par délibération du conseil municipal ou de l'EPCI compétent la délibération approuvant l'élaboration de la carte communale doit être ensuite transmise au préfet ou sous-préfet pour approbation (quasi-tutelle). Ce dernier dispose d'un délai de 2 mois pour approuver explicitement la carte communale. Lorsque le préfet refuse d'approuver la carte, il informe la commune dans le délai de 2 mois, en motivant son refus tout en invitant la commune à « revoir sa copie ». S'il ne s'est pas prononcé dans ce délai, il est réputé l'avoir approuvée implicitement (art. L. 163-7). La carte approuvée est tenue à disposition du public et publiée sur le portail national de l'urbanisme (art. R. 163-6).

Les cartes communales peuvent faire l'objet de modifications se limitant à la rectification d'une erreur matérielle (art. R. 163-7). Elles peuvent être révisées (L. 163-4 à L. 163-7). Le projet de révision n'est soumis à la CDPENAF que s'il a pour conséquence, dans une commune située en dehors d'un SCoT approuvé, une réduction des surfaces des secteurs où les constructions ne sont pas admises (art. L. 163-8). La carte peut être abrogée, les modalités différant selon que l'abrogation s'accompagne ou non de l'élaboration d'un PLU (*Rép. min. n° 22989, JOAN 18 févr. 2020, p. 1250*).

De façon logique, la carte communale échappe au contrôle de légalité puisque c'est l'acte d'approbation préfectorale qui la fait entrer en vigueur et non la délibération du conseil municipal ou de l'EPCI. La délibération et l'arrêté préfectoral approuvant ou révisant la carte font l'objet de l'ensemble des mesures de publicité décrites « au premier alinéa » de l'article R. 163-9, conditions de leur opposabilité. La délibération du conseil municipal approuvant la carte communale n'étant pas une mesure préparatoire à la décision du préfet, elle peut directement être contestée devant le juge de l'excès de pouvoir (*CE, avis, 28 nov. 2007, Mme Flory*). Enfin, la carte peut être abrogée, soit pour revenir aux règles de la constructibilité limitée, soit pour basculer dans le régime du PLU (v. Proposition de loi visant à sécuriser la procédure d'abrogation des cartes communales dans le cadre d'une approbation d'un PLU d'un PLUi adoptée par le Sénat le 9 février 2021).

■ *Les effets*

S'agissant de la délivrance d'un PC, l'article L. 422-1, modifié par la loi *ALUR*, prévoit le transfert automatique de la compétence à la commune (voir cependant hypothèse particulière de « retour » à l'État : *CAA Marseille, 26 mars 2021, n° 20MA01003*).

Le DPU est ouvert aux communes « encartées ». Une délibération doit préciser, pour chaque périmètre, l'équipement ou l'opération projetée. Le Code ne prévoit pas la possibilité de surseoir à statuer sur les demandes de PC. Il convient alors de faire application des dispositions du RNU lesquelles prévoient différentes hypothèses de refus de délivrance d'un permis.

En conclusion, la carte communale est un document simplifié qui permet à une commune rurale soumise à une faible pression foncière et n'ayant pas d'enjeux particuliers liés à l'urbanisme de régir néanmoins les secteurs constructibles et inconstructibles tout en échappant « au spectre » de la règle de constructibilité limitée.

Chapitre 2

Le maintien de la suprématie des règles étatiques

En matière d'urbanisme, l'État reste un décideur important. Les communes sont tenues de respecter des normes contraignantes qu'il impose dans le domaine. Si les élus locaux déterminent librement leur politique d'urbanisme, par le biais de la planification, ils ne le peuvent que dans des limites déterminées par l'État. On distingue deux types de normes supérieures : celles insérées dans le Code de l'urbanisme qui s'appliquent à l'ensemble du territoire, et celles applicables à certaines parties du territoire seulement.

1 Les règles d'application nationale

■ *Le RNU et la RCL*

a) Le règlement national d'urbanisme, « prêt à porter réglementaire »

À la fin de l'année 2020, 10 300 communes restaient régies par le « régime sec », du règlement national d'urbanisme. Le RNU a pour objet d'encadrer l'acte de construire dans les communes dites « sous RNU » c'est-à-dire qui ne sont pas couvertes par un PLU ou un document en tenant lieu (PSMV). Les articles du RNU ne visent pas seulement le PC, mais plus largement toutes les constructions et aménagements, faisant l'objet d'un PC, d'aménager ou d'une déclaration préalable, ainsi que toute autre utilisation du sol régie par le code (art. R. 111-1). Parmi les dispositions les plus classiques du RNU, figure celle qui impose aux constructeurs de respecter un prospect par rapport à la voie publique en bordure du futur immeuble (la règle « L = H » de l'art. R. 111-16) ou les règles d'accès aux bâtiments par les engins de lutte contre l'incendie (*CAA Bordeaux, 30 mai 2017, n° 15BX02242*). On citera également l'article R. 111-27 qui, au nom d'un ordre public esthétique, permet de refuser un projet si les constructions, par leur situation, leur architecture, leurs dimensions ou l'aspect extérieur des bâtiments ou ouvrages à édifier ou à modifier, sont de nature à porter atteinte au caractère ou à l'intérêt des lieux avoisinants, aux sites, aux paysages naturels ou urbains ainsi qu'à la conservation des perspectives monumentales. Lors de l'application de l'article R. 111-27, il faut privilégier les considérations esthétiques pour vérifier si le projet s'insère bien dans son environnement. Dans sa décision du 13 mars 2020, le Conseil d'État précise que l'atteinte au caractère ou à l'intérêt des lieux avoisinants doit être visible. En conséquence, un permis ne peut pas être refusé au seul motif que le projet va causer à l'immeuble voisin une perte d'ensoleillement. L'article R. 111-27 du Code de l'urbanisme n'a pas vocation à protéger les constructions voisines bioclimatiques (*CE, 13 mars 2020, n° 427408, Sté Cogédim Grand Lyon*).

Seules les règles d'ordre public du RNU s'appliquent sur la totalité du territoire. Ces dernières jouent un rôle de filet de sécurité en cas de PLU lacunaire et sont relatives à la salubrité et à la sécurité publique (art. R. 111-2), à la conservation et la mise en valeur des vestiges archéologiques, à la protection de l'environnement (art. R. 111-4), à l'ordre public esthétique (aspect extérieur des bâtiments – art. R. 111-27). Mais, la plupart des règles du RNU sont dites « supplétives » et sont inapplicables dans les territoires dotés d'un PLU (art. R. 111-3, R. 111-5 à R. 111-19, R. 111-28 à R. 111-30). On distingue donc deux types de règles, celles supplétives, inapplicables dans les communes dotées d'un PLU et celles d'ordre public, applicables dans les communes même dotées d'un PLU.

La plupart du temps, les règles du RNU sont *permissives* et laissent aux autorités administratives un large pouvoir discrétionnaire d'appréciation dans la décision à l'autorité compétente, ce qui implique un contrôle restreint de la part du juge administratif, sauf en cas de refus de PC, pour lequel il exercera un contrôle normal. À l'égard des règles impératives, le juge administratif exerce un contrôle normal. S'agissant de la modernisation du PLU, certaines zones du PLU peuvent désormais être réglementées par référence au RNU, ce qui peut s'avérer intéressant pour les territoires ruraux. Enfin, une ou plusieurs zones U d'un PLUi peuvent être réglementées par le seul RNU « sans y ajouter d'autres règles » (art. R. 151-19). Il est alors fait renvoi à l'ensemble de ces articles en mentionnant leurs références dans le règlement de la ou des zones concernées du PLU.

b) La constructibilité limitée

La règle de la constructibilité limitée (RCL) se traduit, en l'absence d'un PLU, par la constructibilité limitée aux *parties actuellement urbanisées* (PAU) (art. L. 111-3). Introduite en 1983, cette règle « anti-mitage » apparaît comme un garde-fou contre l'urbanisation dispersée. On connaît l'importance qui s'attache à l'identification des PAU (*Rép. min. n° 01594, JO Sénat 13 déc. 2018, p. 6411*), le juge administratif prenant en considération un faisceau de facteurs convergents (configuration du bourg, nombre de constructions existantes, taille du parcellaire, desserte par les équipements, insertion dans le paysage). Ont été qualifiés de PAU, des terrains nus en dehors d'un espace construit mais situés en bordure d'un secteur urbanisé, dans la « frange » non construite. Si le projet se trouve en limite de la zone urbanisée, il ne suffit pas de constater que le terrain est situé à l'intérieur des PAU, il convient en plus, pour apprécier l'extension, d'examiner le nombre et la densité des constructions projetées (en l'espèce, 25 maisons supplémentaires) (*CE, 29 mars 2017, n° 393730, Cne de St Bauzille*). Par ailleurs, la PAU ne se limite pas au centre du bourg. Plusieurs secteurs ou hameaux de la commune peuvent répondre à ces critères et constituer plusieurs PAU. Par arrêt du 29 mai 2019 (*Min. de la Cohésion des territoires, req. n° 419921*), constatant que le préfet avait refusé de délivrer le PC en opposant une condition non prévue par la loi (« caractère mesuré » de la construction), le Conseil d'État clarifie utilement la portée des exceptions à la RCL.

Si le terrain est situé hors d'une PAU, il est en principe inconstructible sauf s'il bénéficie de l'une des quatre séries d'exceptions qui conduisent à déroger à la RCL : trois exceptions ponctuelles (adaptation, changement de destination, réfection, extension des constructions existante, l'édification d'annexes à proximité d'un bâtiment existant ou construction de bâtiments nouveaux à usage d'habitation (*CE, 29 mai 2019, req. n° 419921*), (1°), les constructions et installations nécessaires à des équipements collectifs, celles nécessaires à l'exploitation agricole ou forestière, à la transformation, au conditionnement et à la commercialisation des produits agricoles lorsque ces activités constituent le prolongement de l'acte de production, ou aux activités situées sur l'exploitation ou dans les locaux de celle-ci et destinées à une activité d'accueil touristique complémentaire de l'activité agricole, comprenant mais non limitée à l'hébergement touristique et à la restauration (2°), les constructions et installations incompatibles avec le voisinage des zones habitées et l'extension mesurée des constructions (3°)...) et une exception par nature, justifiée par l'intérêt communal (art. L. 111-4) (lutte contre la désertification).

Toute demande d'autorisation d'urbanisme doit être soumise pour avis à la CDPENAF, qui a pour mission de limiter le rythme annuel de consommation des terres agricoles. L'article L. 111-5 vise à renforcer le contrôle des dérogations à l'interdiction de construire en dehors des PAU de la commune, en cas de réduction des surfaces situées dans les espaces autres qu'urbanisés et sur lesquelles est exercée une activité agricole ou qui sont à vocation agricole. L'encadrement se fait désormais plus strict qu'avant. La dérogation mentionnée au 4° « justifiée dans l'intérêt communal », est assortie d'un encadrement renforcé, puisqu'elle requiert l'avis conforme de la CDPENAF.

■ *Les principes du droit de l'urbanisme*

a) L'article L. 101-1 du Code de l'urbanisme

L'article L. 101-1 du code proclame que « le territoire français est le patrimoine de la nation. Les collectivités publiques en sont les gestionnaires et les garantes dans le cadre de leurs compétences ». Cet article définit de manière générale les principes de gestion du territoire français. Une gestion est patrimoniale si elle est conservatrice et soucieuse des besoins des générations futures. Fondé sur l'idée de solidarité, cet article « déclaratoire » rappelle aussi que l'urbanisme n'est pas une compétence que l'on peut attribuer à une seule personne publique. Il est, par essence, une compétence partagée entre collectivités publiques. La responsabilité de chaque collectivité publique et la solidarité devant exister entre elles sont affirmées.

b) Les principes directeurs

L'article L. 101-2 du Code de l'urbanisme comporte un socle commun de grands principes que doivent s'efforcer de satisfaire les acteurs du droit de l'urbanisme. Le développement durable, principe sous-jacent, transcende tous les autres. Pour une meilleure lisibilité, ces principes ont été regroupés au début du code et constituent un cadre commun qui doit guider les rédacteurs des documents d'urbanisme lors de l'élaboration de leur contenu. Le législateur alourdit régulièrement la liste des objectifs généraux que les documents d'urbanisme doivent respecter.

1) L'équilibre et la qualité

Cet article montre l'importance du principe d'équilibre qui doit devenir source d'inspiration pour les collectivités locales dans l'élaboration et la mise en œuvre de leur document d'urbanisme. Il s'agit d'un véritable « régulateur de la vie sociale », selon la formule empruntée au professeur Charles. Les auteurs des documents d'urbanisme doivent maintenir un équilibre entre les populations résidant dans les zones urbaines et rurales (équilibre ville et campagne), promouvoir renouvellement urbain, développement urbain (répartition entre centres plus ou moins denses), revitalisation des espaces urbains et ruraux, utilisation économe des espaces naturels et préservation des espaces affectés aux activités agricoles et forestières. L'action des collectivités doit également tendre vers la protection des sites, des milieux, des paysages naturels, les besoins en matière de mobilité, la qualité urbaine, architecturale et paysagère, et la sauvegarde des ensembles urbains ainsi que la protection, la conservation et la restauration du patrimoine culturel.

2) Diversité sociale et urbaine

L'objectif de diversité sociale et urbaine « vise à combattre les excès des pratiques fonctionnalistes qui conduisaient à une spécialisation excessive des usages de l'espace, à travers le zonage »

(H. Jacquot). Il convient, dans cette logique, de réunir au sein d'un même espace différentes activités compatibles et de « casser le zonage » pour définir un projet urbain intégré. La diversité de « l'ensemble des modes d'habitat » d'activités économiques, touristiques, sportives, culturelles et d'intérêt général ainsi que d'équipements publics et d'équipement commercial, au sein d'un même espace doit également permettre de faire coexister des logements sociaux et non-sociaux (objectif de 25 % de logements sociaux – CCH, art. L. 302-5). Le juge de l'excès de pouvoir exerce un contrôle normal sur l'existence de « raisons objectives » justifiant une dérogation aux obligations qui pèsent sur une commune en matière de réalisation de logements sociaux. Ainsi, les obstacles invoqués par la commune, liés à l'absence de foncier disponible et au coût extrêmement élevé du foncier ne peuvent, dès lors qu'ils résultent en grande partie de la faiblesse des instruments dont elle s'était, à l'époque, dotée pour les combattre, être regardés comme revêtant, le caractère d'une raison objective au sens des dispositions de l'article L. 302-9-1-1 du CCH (*CE, 2 juill. 2021, n° 433733*).

L'article L. 101-2, 3° convoque aussi la politique des déplacements afin de désenclaver certains quartiers (augmentation des cadences des transports en commun, développement de lignes ferroviaires) ce qui peut contribuer à maintenir une meilleure paix sociale. L'action des collectivités publiques doit enfin viser l'objectif de promotion d'une société inclusive vis-à-vis des personnes en situation de handicap ou en perte d'autonomie dans les zones urbaines et rurales.

3) *Principes environnementaux*

L'article L. 101-2 (5° à 7°) fournit une longue liste d'objectifs environnementaux à atteindre par les acteurs du droit de l'urbanisme. Au sein des principes, la priorité est donnée à la prévention des risques naturels prévisibles, des risques miniers, des risques technologiques, des pollutions et des nuisances de toute nature (5°), à la protection des milieux naturels et des paysages, à la préservation de la qualité de l'air, de l'eau, du sol et du sous-sol, des ressources naturelles, de la biodiversité, des écosystèmes, des espaces verts, la préservation et la remise en bon état des continuités écologiques (6°), à la lutte contre le changement climatique, réduction des émissions de gaz à effet de serre, l'économie des ressources fossiles, la maîtrise de l'énergie et la production énergétique à partir de sources renouvelables (7°). Les objectifs environnementaux viennent, on le comprendra, considérablement alourdir la tâche des élus lors de l'élaboration de leurs documents de planification. Ces principes, malgré leur caractère déclaratif, constituent des principes de fond, ayant une valeur juridique contraignante. Lors du contrôle de constitutionnalité de la loi *SRU*, le Conseil constitutionnel a précisé la nature de cette contrainte (*n° 2000-436 DC, 7 déc. 2000*), rappelant qu'eu égard à l'imprécision des objectifs, « il appartiendra au juge administratif d'exercer un simple contrôle de compatibilité entre les règles fixées par lesdits documents et les dispositions de l'article L. 121-1, et non de conformité ». Les principes n'instituent qu'une obligation de moyen et non de résultat. On peut résumer la compatibilité au rapport qui existe entre deux normes et qui voit la norme inférieure ne pas remettre en cause ni les options fondamentales, ni la destination générale des sols, fixées par la norme supérieure. Au contraire, la conformité est radicalement différente puisqu'elle impose que la norme inférieure soit totalement contenue dans la norme supérieure (ce type de rapport existe entre une construction avec l'autorisation qui la rend possible).

■ *Les servitudes d'utilité publique et les servitudes d'urbanisme*

Les « ***charges d'urbanisme*** » se distinguent des servitudes de droit privé (au sens du Code civil) en limitant le droit de propriété et d'usage des sols, dans l'intérêt général et non dans l'intérêt du propriétaire du fonds dominant. Au sein des servitudes administratives, certaines d'entre elles, *les servitudes d'urbanisme* (art. L. 105-1) trouvent leur fondement dans les documents d'urbanisme et sont d'application locale. Établies dans un but d'urbanisme, elles imposent souvent des servitudes passives (interdiction de dépasser une certaine hauteur), ou actives (obligation de réaliser des plantations). En principe, afin de préserver les finances locales, les servitudes administratives de l'article L. 105-1 n'ouvrent droit en principe à aucune indemnité, sauf « s'il résulte de ces servitudes, une atteinte à des droits acquis ou une modification de l'état antérieur des lieux déterminant un dommage direct, matériel et certain. Cette indemnité, à défaut d'accord amiable, est fixée par le tribunal administratif, qui tient compte de la plus-value donnée aux immeubles par la réalisation du PLU approuvé. Le principe de la gratuité a fait l'objet de contestation de la part de propriétaires, soit par application de la Convention européenne des DDH (*concl. sous CE, sect., 3 juill. 1998, M. Bitouzet)*, soit de la Constitution française à travers une demande de QPC refusée (*CE, 16 juill. 2010, n° 334665, SCI La Saulaie*). Le Conseil d'État a rappelé, du reste, que l'ancien article L. 160-5 (devenu art. L. 105-1) ne posait nullement un principe général de non-indemnisation des servitudes d'urbanisme, s'appuyant sur sa propre jurisprudence qui précisait que la règle de gratuité ne représentait pas un obstacle à ce que l'on puisse reconnaître un droit à réparation au propriétaire, subissant une charge spéciale, exorbitante et disproportionnée par rapport à l'objet d'intérêt public que la puissance publique prétend atteindre à travers l'établissement de la servitude. Si l'arrêt *Bitouzet* apporte une limite jurisprudentielle au principe de non-indemnisation, en réalité, ce raisonnement loin de transformer le système de responsabilité de la puissance publique en matière d'urbanisme a surtout permis d'éviter des condamnations devant la Cour de Strasbourg. Afin d'éviter une « péremption » de sa propre jurisprudence, le Conseil d'État a accordé la première indemnisation sur le fondement de la jurisprudence *Bitouzet* : responsabilité sans faute conjointe de la commune et de l'État (*CE, 29 juin 2016, n° 375020, Sté d'aménagement du domaine de Château Barrault*).

En revanche, les servitudes dites « d'utilité publique » (SUP) recensées à l'article A. 126-1 peuvent donner lieu à indemnisation en cas de dépossession et préjudice anormal et spécial. Les SUP affectant l'utilisation des sols, sont issues de législations indépendantes du droit de l'urbanisme et instituées par des lois et règlements particuliers (Code de l'environnement, Code rural, Code de la santé publique...). Le Code de l'urbanisme ne retient juridiquement que les SUP affectant « l'utilisation des sols », c'est-à-dire celles susceptibles d'avoir une incidence sur la constructibilité et plus largement sur l'occupation des sols. On pense aux plans de prévention des risques naturels et prévisibles (PPRNP) qui, une fois approuvés, valent « SUP » et doivent, à ce titre, être annexés au PLU (sur leur opposabilité directe aux autorisations de construire : *CE, 12 oct. 2016, n° 395089, Cne de Viry-Châtillon* et aux autorisations *ICPE : CE, 9 oct. 2017, n° 397199*). Les SUP se distinguent des servitudes d'urbanisme, notamment par leur procédure d'édiction. Mises en œuvre par l'État, elles s'imposent aux collectivités décentralisées qui doivent les faire figurer en annexe de leur plan (art. L. 152-7) ou de leur carte communale (art. L. 161-1) dans un délai de 3 mois à compter de l'institution de la servitude. En cas de carence, le préfet y procède d'office. Cette prérogative témoigne de la portée nationale des servitudes et de la contrainte que peut imposer l'État pour les intégrer d'autorité à la planification locale.

2 Règles et documents applicables à certaines parties du territoire

Les documents d'urbanisme locaux sont encadrés par des normes imposées par l'État applicables à deux espaces particuliers qui rencontrent des difficultés semblables du fait de leur fragilité : la montagne et le littoral.

■ *Les espaces fragiles*

a) La loi Montagne I et II

« Territoire exceptionnel du fait de sa diversité écologique et paysagère, de ses ressources et de ses savoir-faire, la montagne représente une richesse inestimable pour la France. La préservation de ces atouts, qui en font un territoire attractif, nécessite de concilier les enjeux de développement et de protection de la montagne » (*Instruction du Gouvernement du 12 oct. 2018*). Texte d'équilibre, la loi *Montagne* du 9 janvier 1985, complétée par la loi du 28 décembre 2016 (art. L. et R. 122-1 et s.), contient des dispositions qui ne doivent pas être envisagées comme un frein au développement, mais au contraire comme un moyen permettant de concilier les différents enjeux du territoire, à savoir préserver les espaces N et A en luttant contre l'artificialisation des sols, tout en garantissant aux communes et intercommunalités de pouvoir répondre à la demande de logement et de développement des activités économiques. Il est imposé aux auteurs des documents d'urbanisme de respecter la préservation des terres agricoles, pastorales et forestières, ainsi que les chalets d'alpage liés à une activité professionnelle saisonnière (art. L. 122-9 et s.). Loi anti-mitage, il n'est pas surprenant que le Code de l'urbanisme impose un principe d'extension de l'urbanisation en continuité de l'urbanisation existante sous réserve de l'adaptation, du changement de destination, de la réfection ou de l'extension limitée des constructions existantes, ainsi que de la construction d'annexes à ces constructions, et de la réalisation d'installations ou d'équipements publics incompatibles avec le voisinage des zones habitées (art. L. 122-5). Toutefois, le principe n'est pas absolu. Un SCoT, un PLU ou une carte communale peut prévoir une urbanisation en discontinuité (art. L. 122-7) moyennant la réalisation d'une étude spécifique qui délimite les zones à urbaniser dans le respect des conclusions de cette étude. Quant aux communes qui ne sont pas dotées d'un PLU ou d'une carte communale, référence est faite à l'article L. 122-7 qui autorise des constructions en « discontinuité » avec les bourgs, villages, hameaux, groupes de constructions traditionnelles ou d'habitations existants, dans les conditions définies au 4° de l'article L. 111-4 et à l'article L. 111-5. Ainsi, en dehors des PAU, seules sont autorisées les constructions ou installations, sur délibération motivée du conseil municipal, si celui-ci considère que l'intérêt de la commune – en particulier pour éviter une diminution de la population communale – le justifie. Encore faut-il que la commune ne subisse pas de pression foncière due au développement démographique ou à la construction de résidences secondaires et que la dérogation envisagée soit compatible avec l'objectif de protection « montagnard ».

Par ailleurs, les unités touristiques nouvelles (UTN) sont confortées mais soumises désormais aux exigences de la planification locale (programmées dans les SCoT et PLU), les sortant d'une certaine clandestinité. En contrepartie, la procédure de création est facilitée ; création d'UTN « *structurantes* » (art. L. 122-17) intégrées au SCoT et d'UTN « *locales* » intégrées dans un PLU (art. L. 122-18).

Le décret du 10 mai 2017 précisant la procédure de création et d'extension des UTN (art. R. 122-10 à 17) a été cependant partiellement annulé par le Conseil d'État, en tant qu'il n'impose pas la réalisation d'une évaluation environnementale (*CE, 26 juin 2019, Assoc. France Nature Environnement, req. n° 414931*). Cet arrêt est l'occasion de rappeler que lorsque la création des UTN est prévue par un document d'urbanisme, l'impact environnemental est analysé dans l'évaluation environnementale réalisée lors de l'élaboration du document d'urbanisme (C. envir., art. R. 122-17). En revanche, dans les communes qui ne sont couvertes ni par un SCoT, ni par un PLU, lorsque la création des UTN est autorisée par l'autorité administrative, les articles R. 122-10 et R. 122-11 du Code de l'urbanisme n'imposent pas la réalisation d'une évaluation environnementale. Pour cette raison, le Conseil d'État a jugé qu'eu égard « à sa nature et à sa portée, la décision préfectorale créant un tel UTN doit être regardée, non comme statuant sur une demande relative à un projet, mais comme constituant un plan ou programme au sens de la directive du 27 juin 2001 » et annule en conséquence les dispositions litigieuses.

b) La loi Littoral

Par la loi du 3 janvier 1986, l'espace littoral, zone particulièrement sensible, bénéficie, d'une protection particulière qui lui a permis d'être efficacement protégée (art. L. et R. 121-1 et s.). La loi *Littoral* exige que les documents d'urbanisme préservent les espaces terrestres et marins, sites et paysages remarquables ou caractéristiques du patrimoine naturel et culturel du littoral, et les milieux nécessaires au maintien des équilibres biologiques (art. L. 121-23). Pour ce faire, la loi *ÉLAN* consacre la primauté du SCoT qui devient l'outil de planification de référence pour préciser les modalités d'application de l'aménagement et de la protection du littoral (art. L. 121-3).

Deux catégories de communes dites « littorales » sont concernées (art. L. 121-1) :

- la loi s'adresse d'abord aux communes définies comme telles au Code de l'environnement (art. L. 321-2) : celles riveraines des mers et des océans, des étangs salés, des plans d'eau intérieurs d'une superficie supérieure à 1 000 ha et celles riveraines des estuaires et des deltas ;
- la seconde catégorie englobe les communes, non riveraines de la mer mais qui sont « volontaires » en en faisant la demande au Préfet. Il convient seulement qu'elles participent aux équilibres économiques et écologiques littoraux (art. L. 121-1).

Le Code de l'urbanisme délimite trois espaces selon une structure « en poupées russes » : la bande des 100 mètres (art. L. 121-16), les espaces proches du rivage (art. L. 121-13) et les zones plus lointaines (art. L. 121-8).

La bande des 100 mètres est la zone la plus « verrouillée » de la loi *Littoral*. En dehors des espaces urbanisés, les constructions ou installations sont interdites sur la bande de 100 mètres à compter de la limite haute du rivage ou des plus hautes eaux (art. L. 121-16). La règle d'inconstructibilité s'applique tant aux nouvelles constructions qu'aux extensions des constructions existantes. La distance est un minimum, le PLU pouvant porter la largeur de la bande littorale à plus de 100 mètres, lorsque des motifs liés à la sensibilité des milieux ou à l'érosion des côtes le justifient (art. L. 121-19). Il a été jugé qu'une construction sur la bande littorale de 100 mètres ne peut être réalisée que si elle se situe dans un espace urbanisé, caractérisé par un nombre et une densité significatifs de constructions, et à la condition de ne pas entraîner une densification significative de cet espace *(CE, 9 nov. 2016, Cne Porto-Vecchio, n° 372531)*. De plus, la règle ne s'applique que si la construction se trouve dans cette bande et non en bordure de celle-ci (*CE, 21 juin 2018, n° 416564*). L'article L. 121-17 prévoit toutefois des exceptions pour les constructions nécessaires aux services publics ou aux activités économiques exigeant la proximité immédiate de l'eau (activités d'aquaculture, toilettes publiques, équipements de mareyage). Mais, l'aménagement et l'ouverture de terrains de camping ou de stationnement de caravanes sont interdits dans la bande littorale (art. L. 121-18).

Dans les espaces proches du rivage, dont les trois critères sont fournis par le Conseil d'État (*CE, 3 juin 2009, Cne de Rognac : distance par rapport au rivage, caractère urbanisé ou non, et covisibilité entre cette zone et le plan d'eau)* l'extension de l'urbanisation doit être limitée, justifiée et motivée dans le PLU, selon des critères liés à la configuration des lieux ou à l'accueil d'activités économiques exigeant la proximité immédiate de l'eau (art. L. 121-13), le juge tenant compte de la surface à édifier et de la superficie du terrain concerné (*CE, 10 juill. 2013, Cne de Vias et SEBLI*).

Dans l'arrière littoral, l'article L. 121-8 a pour objectif de lutter contre le mitage urbain, c'est-à-dire la dispersion anarchique des constructions dans le paysage. Depuis la loi *ÉLAN*, l'extension de l'urbanisation ne peut se faire qu'en continuité avec les agglomérations et villages existants, et non plus en « hameaux nouveaux intégrés à l'environnement », ce qui met fin au risque de mitage. Récemment, le Conseil d'État a assoupli la possibilité d'agrandir une construction isolée en zone littorale jugeant que l'agrandissement d'une construction existante (40 m^2 pour une habitation d'une surface de 100 mètres) ne doit pas s'analyser comme une extension de l'urbanisation au sens des dispositions de la loi *Littoral* (*CE, 3 avr. 2020, n° 419139*). Cependant, la construction d'une antenne-relais doit être regardée comme une extension de l'urbanisation dans les communes littorales et donc est soumise au principe de continuité (*CE, avis, 11 juin 2021, req. n° 449840*).

La loi *ÉLAN* a également assoupli la loi *Littoral* en facilitant le comblement des « dents creuses » qui sont des parcelles vierges, d'une superficie modeste, entourées de constructions sur ses côtés. Ainsi, en principe, l'urbanisation d'une dent creuse permet de densifier. Pour comprendre le changement opéré par la loi *ÉLAN* il faut rappeler que dès lors que la dent creuse était située dans une agglomération ou un village, la loi *Littoral* n'empêchait pas son urbanisation. En revanche, hors agglomération et village, les dents creuses étaient inconstructibles, quand bien même elles étaient situées à plusieurs kilomètres du littoral. Désormais, en dehors des agglomérations ou villages, les dents creuses sont rendues constructibles. Il devrait cependant s'agir d'hypothèses limitées en raison de conditions strictes : seules sont autorisées des constructions « à des fins exclusives d'amélioration de l'offre de logement et d'implantation de services publics, lorsqu'elles n'ont pas pour effet d'étendre le périmètre bâti existant ni de modifier de manière significative les caractéristiques de ce bâti » (art. L. 121-8).

Afin d'encourager certaines activités locales sur le territoire, les installations nécessaires aux activités agricoles, forestières et de cultures marines peuvent déroger au principe de l'urbanisation en continuité (art. L. 121-10), mais le changement de destination de ces constructions est interdit, sauf pour les bâtiments agricoles édifiés avant 1943 (*QE n° 13680, JO Sénat 18 juin 2020 ; CE, 28 déc. 2018, n° 408743*). Le régime d'implantation de certains aménagements légers sur le littoral (clubs nautiques, écoles de voile) est, quant à lui, facilité (art. L. 121-24). L'article R. 121-5 (D. n° 2019-482, 21 mai 2019) affirme le caractère limitatif de la liste des aménagements légers, à condition que leur localisation et leur aspect ne dénaturent pas le caractère des sites, ne compromettent pas leur qualité architecturale et paysagère et ne portent pas atteinte à la préservation des milieux. Pour autant, le décret autorise les équipements nécessaires à la sécurité et, de manière plus problématique, les canalisations liées aux activités économiques et de service public.

Les directives territoriales d'aménagement et de développement durable

Les DTA, mises en place par la loi du 4 février 1995 (LOADT), remplacées par les « DTADD » en 2010 sont des documents de planification situés à la frontière de la politique d'aménagement, du développement du territoire et du droit de l'urbanisme (art. L. 102-4 à 11). Élaborées à l'initiative et sous la responsabilité de l'État, les DTA ont constitué un élément de cadrage et de référence pour les documents locaux d'urbanisme. En tant que « réducteurs d'incertitudes », les DTA pouvaient également préciser les modalités d'application des dispositions particulières aux zones de montagne et au littoral adaptées aux particularités géographiques locales, comme le feraient des décrets d'application.

Depuis 2010, les DTADD ont vu leur portée juridique très diminuée. N'ayant plus vocation à préciser les modalités d'application des lois *Littoral* et *Montagne*, elles n'ont plus qu'« une opposabilité indirecte ». Elles ne sont ainsi plus directement opposables aux documents d'urbanisme immédiatement inférieurs, contrairement aux DTA. Perdant leur autonomie, et donc leur autorité, elles ont désormais besoin d'un vecteur normatif – le PIG – afin que leurs orientations puissent s'imposer aux SCoT et aux PLU. Il revient en effet au préfet d'imposer, par l'adoption d'un PIG, les mesures de protection nécessaires à la mise en œuvre de la DTADD, pendant un délai de 12 ans à compter de sa publication (art. L. 102-5). Même les DTA sont appelées à connaître, à terme, le même sort avec l'ordonnance de 2020 qui prévoit la suppression des liens d'opposabilité avec les DTA approuvées avant le 13 juillet 2010 et ayant conservé les effets d'une DTA. Exit de la hiérarchie des normes également...

Les opérations d'intérêt national

Les OIN sont de vastes opérations très utiles dans les cas où l'État souhaite porter une opération stratégique, du fait de son ampleur et ses enjeux. Une OIN est soumise à un régime juridique particulier en raison de son intérêt majeur et pour laquelle l'État conserve la maîtrise de la politique d'urbanisme (art. L. 102-12). Elles concernent des territoires d'intérêt majeur comme La Défense, les aéroports de Roissy et du Bourget, le Plateau de Saclay (une trentaine d'OIN sont actives, art. R. 102-3). L'OIN reste une procédure centralisée avec une compétence des autorisations d'urbanisme qui remonte à l'État. Or, parmi les nouveautés, la loi *ÉLAN* permet un retour, par arrêté ministériel, à la compétence « décentralisée » de droit commun, sous réserve de l'avis conforme du préfet (art. L. 102-14). Les OIN sont alignées sur les GOU, à une différence majeure près, l'OIN n'est pas contractuelle mais imposée par l'État. On rappellera que les GOU sont des opérations dont la dimension ou les caractéristiques techniques particulières nécessitent un engagement conjoint spécifique de l'État et des intercommunalités, y compris la Métropole du Grand Paris et les EPT (art. L. 312-3 à 8). En outre, le préfet pourra conclure avec les propriétaires des terrains, l'aménageur ou le constructeur une convention de projet urbain partenarial (prise en charge financière) selon les modalités prévues à L. 332-11-3. Concernant le DPU et le droit de priorité, la loi *Proximité* (2019) met un terme à une incertitude qu'avait pu susciter la rédaction du 2° de l'article L. 102-13 (erreur matérielle loi *ÉLAN*), laissant à penser que le DPU et le droit de priorité avaient disparu en OIN. La loi *Proximité* rétablit le droit applicable avant *ÉLAN* : en OIN, le DPU est seulement exclu pour les aliénations de terrains par l'État, ses EP ou certaines sociétés. Quant au droit de priorité, l'exclusion concerne l'aliénation d'immeubles par l'État et ses EP (visés à l'alinéa 3 de l'article L. 240-2) également en vue de la réalisation de l'OIN.

■ *Le projet d'intérêt général*

Lors de la décentralisation des compétences d'urbanisme, le projet d'intérêt général (PIG) est né de la nécessité pour l'État de faire prévaloir des intérêts collectifs supérieurs à ceux poursuivis par les communes au niveau local (art. L. et R. 102-1). Le PIG a connu un franc succès, comme en atteste la grande variété des projets retenus ouvrages d'infrastructure (nouvelle gare, développement d'un aéroport) ; constructions et équipements (centre de conférences international) ; opérations d'aménagement (Eurodisneyland) ; modernisation du quartier d'affaires de La Défense (art. L. 141-3). Mais c'est dans le domaine de la prévention des risques et celui des installations classées que la polyvalence des PIG est la plus remarquable. L'État peut également qualifier de PIG les mesures nécessaires à la mise en œuvre des DTADD (art. L. 102-2). Combiné aux DTADD, il permet à l'État d'imposer la cohérence des documents d'urbanisme. Le préfet dispose du pouvoir discrétionnaire pour instituer un PIG, le juge n'opérant qu'un contrôle restreint lorsque le représentant de l'État refuse de qualifier une opération de PIG (*CE, 7 févr. 2007, n° 287252, Sté Sagace*). De façon générale, lorsque le préfet décide d'adopter un PIG, le projet doit présenter un caractère d'utilité publique. Le respect de cette exigence est vérifié par le juge à travers le bilan « coût-avantage » (*CE, ass., 28 mai 1971, Ville nouvelle Est*). Le TA de Poitiers a rappelé qu'un préfet ne peut pas s'approprier un projet purement privé, dont le principe et les conditions de réalisation ont été définis par une personne n'ayant pas la capacité d'exproprier, pour ensuite le qualifier de projet d'intérêt général (*TA Poitiers, 21 nov. 2019*).

PARTIE 2

L'urbanisme individuel

Chapitre 3

Le certificat d'urbanisme

Initialement, le certificat d'urbanisme était une simple notice délivrée par l'administration permettant de renseigner le futur acquéreur sur le caractère constructible ou non de la parcelle. Aujourd'hui, le certificat d'urbanisme est un acte administratif à vocation informative. C'est également « un acte créateur de droits qui sert à figer les règles d'urbanisme au profit de son titulaire » (H. Jacquot).

Officialisé par la loi du 17 juillet 1971 et codifié à l'article L. 410-1 du Code de l'urbanisme, la pratique du certificat d'urbanisme (CU) ordinaire existait déjà à travers la note de renseignements et s'était développée depuis de nombreuses années à l'initiative des notaires. Le CU a pour objet d'assurer la sécurité des administrés, de les informer sur le contenu d'un droit complexe et de les protéger contre les changements fréquents de la règle d'urbanisme.

1 La procédure

■ *Les documents demandés*

L'article L. 410-1 permet de dire qu'il existe deux certificats d'urbanisme : d'abord, le certificat d'urbanisme informatif qui est une simple photographie du droit existant et le certificat d'urbanisme opérationnel, qui, sans être d'une essence radicalement différente, va prendre parti sur la faisabilité d'une opération.

Le certificat d'urbanisme ordinaire, informatif et neutre (CU A) permet de connaître le statut juridique du terrain. Il se contente d'indiquer la situation du terrain au regard de la réglementation d'urbanisme. Il ne se prononce pas sur la constructibilité du terrain : il est neutre (pas de réponse positive ou négative) et informatif (renseigne sur le statut juridique du terrain : existence de servitudes...). Il appartient donc au demandeur d'interpréter les règles applicables au terrain mentionnées dans le certificat pour voir si le projet de construction pourra ou non y être réalisé. Le certificat de faisabilité ou opérationnel (CU B) plus précis répond à une demande elle-même plus précise. Ce document délivré par le maire de la commune indique si une opération déterminée est réalisable ou non, ainsi que l'état des équipements publics existants ou prévus. Cependant, le certificat a un caractère recognitif ; il ne fait que reconnaître et constater quelles sont les règles et SUP applicables, l'état des équipements publics ainsi que les contributions d'urbanisme exigibles au jour de sa délivrance sans se prononcer *a priori* sur le caractère constructible ou non du terrain. Il ne peut mentionner aucune prescription particulière (ou condition) permettant de subordonner la constructibilité (ou la division) d'un terrain à la constitution forcée d'une servitude (*CAA Bordeaux, 12 mars 2020, n° 18BX01432*).

■ *La demande*

Le CU ne constitue pas un préalable obligatoire aux demandes d'autorisation d'occupation du sol, mais la demande reste fortement conseillée avant chaque vente, notamment en cas de partage successoral puisque le certificat d'urbanisme facilite l'estimation des immeubles. Le devoir de conseil est un devoir professionnel obligatoire auquel le notaire ne peut se soustraire sous aucun prétexte et quelle que soit la nature de son intervention (*Cass. civ., 20 mars 2014, n° 13-14121*). Les notaires commettraient une imprudence à ne pas solliciter un certificat d'urbanisme avant de rédiger un acte. Cette omission peut même constituer une faute professionnelle sanctionnée par le juge judiciaire (*Cass. 3e civ., 28 févr. 2001, Époux Simonneaux c/SCP Hachet).* La responsabilité du notaire n'est cependant pas engagée lorsqu'il a réuni les informations d'urbanisme adéquates et que le projet immobilier « n'est pas à l'évidence contraire aux caractéristiques de son lieu d'implantation » (*Cass. 1re civ., 5 déc. 2000*).

a) Le demandeur

Le certificat d'urbanisme est un acte administratif délivré par la commune sur demande du propriétaire du terrain mais également par toute personne désireuse de s'informer sur la constructibilité d'un terrain ou sur la possibilité d'y réaliser une opération déterminée. Le demandeur n'est donc pas nécessairement le propriétaire du terrain ou son mandataire. Il peut s'agir d'un voisin, acquéreur potentiel, notaire, agent immobilier, géomètre mandaté par la commune, ou un avocat pour le compte de ses clients. Le CU n'a pas de dimension personnelle. Il permet ainsi à l'acquéreur éventuel d'obtenir des informations objectives sur la constructibilité, les droits et les obligations attachés à une propriété bâtie ou non et ce, indépendamment des informations qu'il peut recevoir directement du vendeur, ce qui participe à une certaine transparence du marché immobilier.

b) Présentation, contenu et dépôt de la demande

La demande doit être obligatoirement présentée sur un formulaire établi conformément à un modèle national de demande (CERFA 13 410). Elle précise l'identité du demandeur et les coordonnées du terrain (localisation, section cadastrale, superficie, occupation actuelle) et l'objet de la demande (information, réalisation d'une opération).

Si un certificat d'urbanisme informatif est sollicité, devront être joints à la demande un plan de situation du terrain permettant de le localiser et précisant son échelle, et l'orientation du terrain par rapport au Nord (art. R. 410-1, al. 2). S'il s'agit d'une demande de certificat d'urbanisme pré-opérationnel, il faudra en plus prévoir une note descriptive succincte de l'opération indiquant, lorsque le projet concerne un ou plusieurs bâtiments, leur destination et désormais, leur sous-destination (art. R. 151-27 et 28), leur localisation approximative dans l'unité foncière, ainsi que lorsque des constructions existent sur le terrain, un plan du terrain indiquant leur emplacement (art. R. 410-1). Les éventuelles erreurs qu'a pu commettre l'administré dans la constitution du dossier de sa demande de CU ne s'opposent pas forcément à la délivrance dudit certificat. S'il est délivré, le CU ne sera illégal que s'il est établi que les informations erronées figurant dans la demande ont été de nature à fausser l'appréciation par les services instructeurs de la conformité du projet. Tel n'est pas forcément le cas lorsqu'une demande de CU B ne précise pas la localisation exacte des bâtiments dont la construction est envisagée (*CE, 22 juill. 2020, req. n° 428023*). La demande et le dossier sont établis en deux exemplaires pour le CU ordinaire (CU A) ; en quatre exemplaires pour le CU opérationnel (CU B) (art. R. 410-2). Les exemplaires sont adressés au maire de la commune dans laquelle le terrain est situé (système du guichet unique, art. R. 410-3). Le maire affecte un numéro d'enregistrement à la demande. Pour le CU B, les exemplaires du dossier de demande font l'objet des transmissions prévues aux articles R. 423-7 à R. 423-13 (art. R. 410-3 : préfet, ABF...). En revanche, les CU neutres ne sont pas transmis.

■ *L'instruction de la demande*

Une fois la demande déposée, c'est à l'administration elle-même de rechercher l'autorité compétente. Le service chargé de l'instruction des demandes de certificats d'urbanisme est le même que celui qui instruit les demandes d'autorisation d'occupation du sol. Répondant aux règles habituelles de compétence, dans les communes où un PLU ou une carte communale a été approuvé, l'autorité compétente pour statuer est le maire. L'instruction peut être confiée à plusieurs services : ceux de la commune, d'une collectivité territoriale ou d'un groupement de communes, d'un SM, d'une agence départementale (CGCT, art. L. 5511-1), et, c'est nouveau, d'un prestataire de droit privé pour assurer les missions liées à l'instruction de l'autorisation déposée, dès lors que celles-ci ne sont pas constitutives de l'instruction proprement dite, notamment la rédaction des actes

(D. n° 2019-505, 23 mai 2019 relatif à l'instruction par des prestataires privés des demandes d'autorisation d'urbanisme). Enfin, il peut s'agir des services de l'État (DDT) lorsque la commune ou l'EPCI remplit les conditions de l'article L. 422-8 (la mise à disposition gratuite des services de l'État concerne les communes de moins de 10 000 habitants et ne faisant pas partie d'un EPCI regroupant 10 000 habitants ou plus, ou les EPCI regroupant des communes dont la population totale est inférieure à 10 000). Dans les communes sans PLU ou carte communale, le CU est délivré au nom de l'État et l'instruction est effectuée par le service de l'État dans le département chargé de l'urbanisme (art. R. 410-6). Le service instructeur procède à l'examen technique de la demande et consulte toute personne nécessaire (par exemple, l'architecte des Bâtiments de France si la localisation du terrain le justifie). Le point de départ du délai d'instruction correspond toujours au jour de la réception en mairie de la demande (d'où l'importance de la délivrance immédiate du n° d'enregistrement) (art. R. 410-9).

Concernant les délais de délivrance, il est d'1 mois pour le CU A, et de 2 mois pour le CU B (art. R. 410-10). La décision prise par l'autorité compétente peut être expresse donc notifiée au demandeur (lettre recommandée avec AR ou par courriel – art. R. 410-16) puis transmise au préfet (ou au maire, si la décision a été prise par le préfet – art. R. 423-7). Le CU prend effet à compter de sa notification (CU exprès). La délivrance peut être également tacite, à défaut de notification d'un CU dans le délai. Afin de sécuriser les autorisations d'urbanisme, le silence gardé par l'autorité compétente vaut délivrance d'un CU tacite (art. R. 410-12). Il prend effet à la date à laquelle il est acquis (CU tacite). Du reste, les services instructeurs, souvent débordés par un trop grand nombre de demandes, ont tendance à délivrer automatiquement des « certificats de tacicité ».

Les effets juridiques sont intéressants pour le demandeur. L'acte implicite cristallise le droit du moment au même titre qu'un CU explicite. Le délai de validité du CU tacite (A ou B) est de 18 mois et court à compter de l'acquisition du certificat tacite même si, par la suite, l'administration délivre un certificat exprès (art. R. 410-18). Ainsi, un CU délivré ensuite sur le fondement de ces mêmes dispositions et indiquant que le terrain ne peut être utilisé pour réaliser l'opération envisagée ne retire pas les effets de droit de ce certificat tacite, et ne rapporte pas ce dernier (*CAA Bordeaux, 6 févr. 2014, n° 12BX02578, M. et Mme Calmette*). Les effets sont limités pour le CU B. Cette limite relative aux effets juridiques du CU tacite signifie qu'un CU tacite a seulement pour effet de protéger son titulaire contre les changements de règles (comme le CU A), en gelant le droit pendant 18 mois (le CU tacite n'a pas pour effet d'autoriser la construction). Enfin, on retiendra que le bénéfice d'un CU peut être invoqué par une autre personne que celle qui l'a demandé. Le CU a donc une portée *réelle* et reste attaché au terrain (*CE, 15 déc. 2015, n° 374026, Cne de Saint-Cergues*).

2 La décision

Renseignements communs aux deux CU

a) Dispositions d'urbanisme applicables au terrain

Les deux certificats d'urbanisme indiquent toujours (art. L. 410-1) les règles applicables au moment de la délivrance du CU. Cela concerne l'ensemble des règles susceptibles de s'appliquer à une demande de PC. Le certificat d'urbanisme doit toutes les énoncer : loi *Montagne*, loi *Littoral*, DTA, DTADD, règle de la constructibilité limitée, RNU, SCoT, PLU, RCL, PSMV, règlements de lotissement... Le Conseil d'État fait application de sa jurisprudence récente (*CE, sect., 31 mars 2017, n° 392186*) aux demandes de CU B. Ainsi, la conformité du projet avec la loi *Littoral* doit être vérifiée par les services instructeurs, nonobstant les dispositions du document d'urbanisme applicable (*CE, 1er juin 2017, req. n° 396498*).

b) Limitations administratives au droit de propriété

Les servitudes d'utilité publique (SUP) doivent toutes être énoncées. En revanche, le certificat n'a pas à énoncer les éventuelles servitudes de droit privé grevant le terrain, l'administration n'ayant pas à les connaître, en vertu du principe selon lequel « un permis est délivré sous réserve des droits des tiers ».

c) Taxes et participations d'urbanisme applicables au terrain

Il s'agit des prélèvements des articles L. 332-6 et L. 332-6-1. Seules les contributions instaurées à la date de délivrance du CU peuvent être mises à la charge des constructeurs. Cette disposition permet d'éviter d'anciennes pratiques douteuses, comme la création « à la va-vite » par la commune d'un projet d'aménagement d'ensemble (*PAE : CE, 30 déc. 2014, n° 361641, Cne de Verniolle*) opposable au constructeur, entre la délivrance du certificat d'urbanisme et le dépôt du PC (*CAA Nancy, 22 mars 2007, Syndicat des copropriétaires de la copropriété Allmendwey*). En revanche, le montant des taxes dépend du tarif au jour de la délivrance de l'autorisation. Dès lors qu'une commune a instauré une participation, le CU doit indiquer qu'une telle participation est susceptible d'être réclamée. Toutefois, l'omission de cette mention ne crée pas un droit acquis à ne pas acquitter cette somme due au profit du bénéficiaire du permis dès lors que la participation a été instituée antérieurement à la délivrance du CU (*CE, 22 janv. 2010, Cne La Foye-Monjault*).

d) Autres éléments d'information

Le certificat d'urbanisme doit signaler les éventuelles *zones de préemption* (art. R. 410-15) : il peut s'agir du DPU éventuellement renforcé de l'article L. 211-4, du droit de préemption commercial de l'article L. 214-1, ZAD, DPENS. Si l'existence de ce droit n'est pas mentionnée, cela n'empêchera pas son titulaire de l'utiliser ultérieurement, mais permet d'engager la responsabilité de l'auteur du CU.

Il fait état ensuite, s'il y a lieu, d'une décision de sursis à statuer. La mention informant le bénéficiaire du CU de la possibilité de se voir opposer un sursis à statuer est, aujourd'hui, prévue par les dispositions des articles L. 410-1 alinéa 5 et A. 410-4. Afin d'éviter les abus dans l'usage de cette prérogative de puissance publique, la loi *ÉLAN* exige désormais que le CU énumère la ou les circonstances qui justifient d'opposer le sursis, ce qui met fin au « sursis en blanc ». Mais, rien n'interdit à la collectivité de viser, dans le CU, la révision du PLU en cours. Tout abus du sursis n'est donc pas écarté. Dans une décision importante du 4 avril 2014, le Conseil d'État a jugé que le sursis à statuer est opposable au pétitionnaire alors même qu'aucune mention n'en a été faite dans le CU préalablement délivré (*CE, 4 avr. 2014, n° 362735, Cne de Langolen* ; CE, 24 déc. 2020, n° 435980, *M. A.*). Une telle omission est toutefois de nature à constituer un motif d'illégalité de ce certificat et ouvre, en conséquence à son bénéficiaire la possibilité d'engager la responsabilité pour faute de l'autorité compétente. La mention du sursis à statuer dans le CU a fait l'objet d'un autre contentieux intéressant. Deux pétitionnaires s'étaient vus attribuer un CU positif portant sur un projet de lotissement. Le certificat mentionnait qu'un sursis à statuer pourrait être opposé à une demande d'autorisation de lotir ultérieure, le PLU étant en cours d'élaboration. Les pétitionnaires avaient alors demandé aux juridictions administratives l'annulation du CU « en tant qu'il prévoyait ce sursis à statuer ». Le Conseil d'État a jugé que la mention du sursis à statuer dans un CU est divisible du reste de ce dernier et, par suite, qu'elle est susceptible d'être discutée au contentieux. Si le CU a un but informatif, la mention de la possibilité d'un sursis à statuer ultérieur est susceptible de faire grief au pétitionnaire dans la mesure où en cas de modification des documents d'urbanisme, celui-ci est susceptible de faire perdre le bénéfice de règles applicables qu'est censé assurer le CU (*CE, 21 mai 2012, n° 323882, M. Gérard A.*). On rappellera que, même déposé dans le délai de validité du CU, une demande de permis peut faire l'objet d'un sursis à statuer fondé sur la révision du PLU en cours, sursis à l'issue duquel s'appliqueront les dispositions du nouveau PLU s'il est entré en vigueur (*CE, 11 oct. 2017, n° 401878*).

Le CU indique si le terrain est situé sur un ancien site industriel (art. R. 410-15-1) et les conditions dans lesquelles il devient exécutoire (18 mois), ainsi que les formalités administratives à accomplir préalablement – accord préalable de l'ABF pour les périmètres de protection d'un monument historique ou site inscrit (art. L. 410-1).

Renseignements spécifiques au CU B (pré-opérationnel)

En plus de la simple collecte d'informations juridiques, le CU pré-opérationnel indique si le terrain peut être utilisé pour réaliser l'opération mentionnée dans la demande (faisabilité du projet). Il n'est pas neutre mais positif ou négatif. La décision porte exclusivement sur la localisation approximative du ou des bâtiments dans l'unité foncière, la destination et sous-destination et sur les modalités de desserte par les équipements publics (art. R. 410-13). Une localisation seulement approximative permet d'apprécier néanmoins si l'emplacement choisi dans l'unité foncière porte ou non atteinte à un site ou un paysage particulier à protéger ou encore si le respect des règles d'implantation des constructions par rapport aux limites séparatives ou aux voies et emprises publiques ou encore par rapport aux autres constructions éventuellement implantées sur le même terrain est assuré. Le CU « opérationnel » doit indiquer également l'état des équipements publics existants ou prévus. Pour les travaux seulement prévus, il doit renseigner leur date de réalisation. Il ne renseigne ni sur les caractéristiques architecturales du projet, ni sur sa surface et sa densité.

Le CU est positif ou négatif au regard des règles d'urbanisme applicables, des limitations administratives au droit de propriété et à l'état des équipements publics. Il peut être assorti de prescriptions (art. R. 410-14). Conformément à son Avis (*Avis du 1er avr. 2010, Mme Roques et M. Hirigoyen*), le Conseil d'État a rappelé dans l'arrêt, « *Mme Vidal* » que même si le CU ne répond pas à une demande portant sur une opération particulière, c'est une décision administrative qui est susceptible, à ce titre, de faire l'objet d'un recours pour excès de pouvoir (*CE, 6 juin 2012, Mme Vidal*). Le caractère positif ou négatif du CU n'a pas la portée qu'on croit toujours pouvoir lui accorder car il ne préjuge pas de la position que prendra l'administration quand le projet lui sera soumis.

a) Les certificats d'urbanisme négatifs

L'administration doit en indiquer les motifs. Si elle ne le fait pas, le CU est illégal. Seuls des motifs liés à la localisation approximative des constructions à réaliser, la destination et les modalités de desserte peuvent valablement fonder la délivrance d'un CU négatif. La délivrance d'un CU négatif n'implique pas un refus automatique de l'opération car le CU a pu être négatif par erreur. En outre, l'interprétation des dispositions d'urbanisme, qui a pu être négative au moment de l'instruction du certificat, peut s'avérer positive au moment de l'instruction du permis. Les dispositions d'urbanisme peuvent également évoluer d'une manière favorable au demandeur (approbation d'un nouveau PLU). Enfin, l'administration est parfois tenue de délivrer un CU négatif parce que la demande d'autorisation pourrait être refusée, du seul fait de la localisation du terrain, en fonction des règles générales d'urbanisme. Le Conseil d'État a jugé qu'un CU négatif peut être délivré, alors même que la carte communale permet la construction, dès lors que l'opération envisagée méconnaît les dispositions du Code de l'urbanisme. Un CU peut ainsi contredire une carte communale qui méconnaît le code (*CE, 3 oct. 2016, n° 391750*). En outre, un maire peut refuser sur le fondement du RNU (art. R. 111-2 – sécurité publique), de délivrer le CU. Peu importe la circonstance qu'une submersion marine ne soit pas intervenue.

La responsabilité de la commune peut être engagée du fait de la délivrance d'un CU qui n'a pas écarté les dispositions d'un règlement de PLU illégal (*CE, 18 févr. 2019, n° 414233 : classement illégal d'un terrain*). Toutefois, la responsabilité communale peut être atténuée si l'acquéreur ne pouvait ignorer les particularités du site au regard de sa qualité de professionnel de l'immobilier (*CE, 7 mai 2007, Sté immobilière de la banque de Bilbao*). La seule illégalité d'un CU négatif ne suffit cependant pas pour accorder une indemnité au titulaire de ce CU. Il faut aussi vérifier que le CU a effectivement fait obstacle, pendant sa période de validité, à un projet de vente ou de construction sur le terrain en cause pour que la perte de chance soit regardée comme sérieuse, et le préjudice, certain (*CE, 13 déc. 2010, M. Gayte*).

b) Les certificats d'urbanisme positifs

L'utilité du CU « positif » semble évidente notamment en période d'instabilité des documents d'urbanisme. Le CU permet de stabiliser temporairement (18 mois) le droit opposable au pétitionnaire d'une AOS (PC, permis d'aménager ou de démolir ainsi que les déclarations préalables) à la date de délivrance du certificat, étant précisé que les droits ne sont acquis que pour les droits attachés à la législation en vigueur au jour de sa délivrance et non à son contenu (car un CU peut être erroné et l'on ne peut cristalliser une erreur !). Pour qu'ils confèrent une garantie, encore faut-il que le CU soit régulier. S'il est délivré à tort, si l'appréciation portée par l'administration a été erronée (desserte du terrain en équipements estimée suffisante), le demandeur ne peut invoquer le CU dont il est titulaire (absence de droits acquis à obtenir un PC fondé sur une appréciation erronée : pour un certificat positif délivré dans une zone NB illégale au regard de la loi *Montagne* ou au regard de la loi *Littoral* (*CAA Marseille, 7 juill. 2008, préfet Hte Corse*) ; ou lorsque les règles mentionnées n'étaient pas légalement applicables à la date à laquelle il a été délivré : *CE, 11 févr. 2004, Sté France Travaux*). Au contraire, quand l'appréciation portée par l'administration est exacte, le demandeur est sûr de voir l'instruction de son PC, par exemple, examinée au regard des droits attachés à la législation en vigueur au jour de sa délivrance. Si les règles actuelles s'avéraient plus favorables encore, alors on « oublierait » le certificat d'urbanisme. Mais, la délivrance du CU positif, là encore, n'implique pas que le PC sera automatiquement accordé, il n'assure pas « un droit acquis » à l'obtention de l'AOS sollicitée. Par ailleurs, la garantie conférée par le CU cède devant l'illégalité du PLU. Un CU fondé sur un PLU devenu illégal (en cas d'annulation contentieuse) et visant des dispositions illégales, n'est plus créateur de droit, à compter de l'annulation du plan, laquelle retire au CU cet effet « gel » du droit *(CE, 18 févr. 2019, n° 414233)*. Le

CU n'est qu'un acte d'information, l'objet d'un CU positif n'étant pas d'autoriser une construction ou la réalisation d'une opération immobilière sur le terrain pour lequel il est délivré : d'une part, parce qu'un sursis à statuer peut être prononcé (art. L. 424-1) ; d'autre part, parce que d'autres règles examinées seulement au moment de l'instruction du PC peuvent conduire l'administration à refuser ledit permis ; enfin, le CU opérationnel positif porte exclusivement sur la localisation approximative du ou des bâtiments(s) dans l'unité foncière, leur destination et sous-destinations et sur l'état des équipements publics. L'autorisation peut donc être refusée pour un autre motif (aspect extérieur des constructions projetées, non-respect des règles de prospect...).

3 Les effets

Le certificat d'urbanisme prend effet à compter de sa notification au demandeur dans le cas du CU exprès ou à compter de la date à laquelle il est acquis dans le cas du certificat d'urbanisme tacite. Le CU n'est pas une autorisation, il ne remplace pas les permis.

■ *Le gel de la réglementation*

Le premier effet du certificat est de renseigner le demandeur sur le « statut juridique » du terrain mais ce n'est tout. Le certificat d'urbanisme, qu'il soit de simple information ou opérationnel permet de figer le droit pendant 18 mois (art. L. 410-1). Autrement dit, ce sont les règles applicables lors de la délivrance du CU qui sont stabilisées, et non pas son contenu (règles mentionnées dans le CU). Ainsi en cas de CU erroné, seul le droit sera stabilisé et non l'erreur de l'administration. Le certificat protège son titulaire contre les changements de règles, « gelant » ou « cristallisant » le droit pendant 18 mois, ce qui signifie que le pétitionnaire d'un PC qui a obtenu un certificat ne peut pas se voir opposer un changement de réglementation (par exemple, dispositions figurant au règlement du PLU), s'il dépose une demande d'autorisation ou une déclaration préalable dans ce délai. Il s'agit là d'une disposition très contraignante pour l'administration qui est tenue, dans un laps de temps relativement court, de répondre, au risque sinon de voir les règles gelées pour 18 mois.

Par un arrêt rendu le 15 décembre 2015, le Conseil d'État est venu confirmer qu'un promoteur peut se prévaloir de certificats d'urbanisme délivrés à deux coïndivisaires du terrain d'assiette du projet au motif que : « ces dispositions ne réservent pas à la personne qui a présenté la demande de certificat les droits qu'il confère ». Le bénéfice d'un certificat d'urbanisme peut donc être invoqué par une autre personne que celle qui l'a demandé. On retient 3 enseignements de cette jurisprudence importante : pour bénéficier des effets d'un CU, il n'est pas nécessaire d'en être le

« titulaire », ni de l'avoir obtenu avant le dépôt de l'autorisation d'urbanisme, ni de s'en prévaloir expressément (*CE, 15 déc. 2015, Cne de Saint-Cergues*).

Des prorogations sont possibles par période d'une année sur demande présentée 2 mois au moins avant l'expiration du délai de validité, si les prescriptions d'urbanisme, les servitudes administratives de tous ordres et le régime des taxes et participations d'urbanisme applicables au terrain n'ont pas évolué (art. R. 410-17). Un maire peut donc refuser de proroger un certificat d'urbanisme positif si le PLU a évolué entre-temps (*CE, 5 févr. 2020, n° 426573*). La prorogation tacite du certificat est possible. Elle est acquise en cas de silence de l'autorité compétente à l'issue du délai de 2 mois courant à compter du dépôt de la demande de prorogation. Cette prorogation d'un an prend effet au terme de la validité de la décision initiale ou de la prorogation précédente (art. R. 410-17-1). On peut cependant légitimement s'interroger sur l'intérêt de cette prorogation alors qu'une nouvelle demande permettra de jouir d'un délai de 18 mois...

■ *Étendue de la garantie*

La garantie contre les changements de réglementation vaut pour tous les CU (A ou B). Concernant les CU opérationnels, le Conseil d'État a finalement admis qu'ils confèrent tous, y compris ceux qui sont négatifs, un droit à ce que la demande d'autorisation soit examinée au regard des règles applicables à la date du certificat (*CE, 18 déc. 2017, M. Danglot, n° 3800438*). Les effets du certificat jouent pour les dispositions d'urbanisme qu'il mentionne, pour les SUP sauf celles qui ont trait à la sécurité ou à la salubrité publique ainsi que pour le régime (et non le montant) des taxes et contributions qu'il indique. La stabilisation ne fonctionne pas pour « l'état des équipements existants ou prévus », ce qui est logique puisqu'il ne s'agit pas de règles mais d'un état de fait qui peut évoluer avec le temps (si les équipements sont devenus insuffisants par la suite d'une saturation des réseaux, le PC peut être refusé) (*CE, 13 déc. 1996, M. Luccisano*). Il n'y a pas non plus de cristallisation à propos de l'édiction ultérieure de droits de préemption. Finalement, le CU semble garantir surtout son titulaire contre une évolution défavorable de la règle locale, en cas de révision du PLU. Le CU peut faire l'objet d'un recours pour excès de pouvoir de la part du destinataire ou d'un tiers. De même la responsabilité de la commune peut être engagée par une personne victime des conséquences dommageables de la délivrance d'un CU illégal (*CE, 27 oct. 2008, Cne de Poilly-les-Gien*). Enfin, la possibilité de retrait du CU fragilise les garanties qu'il est censé accorder aux administrés. Le délai dans lequel doit intervenir le retrait est facilement contourné, car n'étant pas soumis par la loi à publicité envers les tiers, le certificat d'urbanisme peut être retiré à tout moment par son auteur, à condition qu'il soit illégal *(CE, 17 juin 1977, Cochet et Courtes)*. Le refus d'un PC vaut retrait implicite du CU dont peut se prévaloir le demandeur.

Chapitre 4

L'autorisation de construire

Le droit de l'urbanisme est avant tout une police qui a pour mission de contrôler l'utilisation des sols. Plusieurs procédures de contrôle existent mais l'autorisation administrative principale du droit de l'urbanisme reste le PC. Le permis de construire (art. L. 421-1) est l'autorisation d'urbanisme requise pour les travaux de grande importance. Son champ d'application très général est assorti d'un régime déclaratif et de dispense. En effet, pour les travaux de faible importance, une simple déclaration préalable suffit. Parfois, les travaux sont même dispensés de tout contrôle. Comme le PC, la déclaration préalable donne les moyens à l'administration de vérifier qu'un projet de construction ou des travaux respectent bien les règles d'urbanisme en vigueur.

L'histoire du PC est déjà ancienne. C'est par une loi du 15 juin 1943 que l'obligation du PC a été généralisée dans les communes de plus de 2000 habitants. Le régime du PC a été profondément réformé en 2005-2007. La réforme a redéfini le champ d'application du PC et de la déclaration préalable et les a soumis à une procédure d'instruction unifiée. Pour autant, une réforme en appelle d'autres... On retiendra l'ordonnance n° 2011-1916 du 22 décembre 2011 relative à certaines corrections à apporter au régime des autorisations d'urbanisme (suivie du D. n° 2012 274, 28 févr. 2012). En outre, afin de faciliter la densification et les petits projets urbains, le décret n° 2011-1771 du 5 décembre 2011 permet, depuis le 1er janvier 2012, de construire une extension d'un bâtiment existant jusqu'à 40 m² en déposant une déclaration préalable plutôt qu'un PC. L'ordonnance n° 2011-1539 du 16 novembre 2011 et le décret n° 2011-2054 du 29 décembre 2011 ont, quant à eux, supprimé la distinction SHOB/SHON au profit de la notion unique, « la surface de plancher des constructions » (SPC).

La loi *ALUR* n° 2014-366 du 24 mars 2014 a apporté son lot de corrections à l'urbanisme individuel même s'il s'agit davantage de « retouches » que de réforme à proprement parler – compétence pour délivrer les autorisations, prise en compte de l'ensemble des modes d'habitat, possibilité de retirer une décision de non-opposition à déclaration préalable ou encore suppression de la servitude d'encadrement de la densité par le coefficient d'occupation des sols (COS) et la servitude interdisant la construction sur des terrains d'une taille déterminée et favorisant l'étalement urbain

(SMTC). Afin de délivrer plus rapidement les autorisations d'urbanisme, le décret du 9 juillet 2015 a modifié certains délais dans lesquels les autorisations ou avis relevant de législations indépendantes doivent intervenir. Par ailleurs, le délai de validité des autorisations d'urbanisme passe de 2 à 3 ans et permet de le proroger deux fois, au lieu d'une (art. R. 424-21).

1 L'objet de la demande : champ d'application des autorisations de construire

Alors que le Code de l'urbanisme prévoyait onze autorisations différentes et cinq régimes de déclaration, la réforme de 2005 a eu pour effet de regrouper les autorisations et déclarations *en trois permis et une seule déclaration préalable*. La « mise en facteur commun » porte respectivement sur leur champ d'application, la compétence concernant leur délivrance, le dépôt et l'instruction des demandes, la décision (sauf pour les déclarations préalables) et l'achèvement des travaux.

■ *Constructions nouvelles*

Pour les constructions neuves, le Code de l'urbanisme pose le principe selon lequel le PC est la règle (art. L. 421-1). Toutefois, il comprend une liste de travaux pour lesquels une simple déclaration préalable suffit. Il comprend également une liste des travaux qui, en raison de leur faible importance ou de leur caractère temporaire, ne font l'objet d'aucun contrôle au titre de l'urbanisme.

a) Permis de construire

Le principe du permis se définit par défaut (art. L. et R. 421-1). On peut lire que les constructions, même ne comportant pas de fondations, doivent être précédées de la délivrance d'un permis de construire, à l'exception des constructions dispensées de toute formalité (art. R. 421-2 à 8-2), et de celles devant faire l'objet d'une déclaration préalable (art. R. 421-9 à 12). On en déduit qu'à l'heure de l'urbanisme réversible, la *Tiny House* (maisonnette mobile tout confort) qui ne dispose pas de fondations au sol ne permet pas d'exclure de plein droit sa qualification de construction (D. Gillig). Du reste, il a été admis que des bâtiments ou ouvrages simplement posés au sol, comme des piscines hors-sol, des yourtes ou encore des cabanes dans les arbres constituent des constructions. Il en va également ainsi des « maisons flottantes » implantées sur des eaux intérieures privées (*Rép. min. n° 76233, JOAN 15 sept. 2015, p. 7048)*.

b) Déclaration préalable

Les constructions nouvelles précédées d'une DP sont celles dont la nature ou la faible importance ne justifie pas qu'elles soient soumises à PC (art. R. 421-9 à 12). Entrent notamment dans cette catégorie (non exhaustif), à condition qu'elles soient situées en dehors du périmètre des sites patrimoniaux remarquables, des abords des monuments historiques et des sites classés ou en instance de classement (D. n° 2017-456, 29 mars 2017) :

– les constructions de petite taille dont soit l'emprise au sol, soit la surface de plancher est supérieure à 5 m² et répondant aux critères cumulatifs suivants : une hauteur au-dessus du sol inférieure ou égale à 12 mètres ; une emprise au sol inférieure ou égale à 20 m² (chalet de jardin, garage) ;
– les constructions dont la hauteur au-dessus du sol est supérieure à 12 m mais dont l'emprise au sol et la surface de plancher est inférieure ou égale à 5 m² ;
– les murs dont la hauteur est égale ou supérieure à 2 m et les piscines dont la surface du bassin est inférieure ou égale à 100 m² et qui ne sont pas couvertes ou dont la couverture a une hauteur au-dessus du sol inférieure à 1,80 m ;
– l'implantation d'habitations légères de loisirs (HLL) dont la surface de plancher est supérieure à 35 m² ;
– les châssis et serres dont la hauteur au-dessus du sol est comprise entre 1,80 m et 4 m et dont la surface au sol est inférieure à 2 000 m².

c) Dispense de toute formalité

Trois séries de constructions sont dispensées de toute formalité sauf lorsqu'elles sont implantées dans le périmètre d'un site patrimonial remarquable, dans les abords des monuments historiques ou dans un site classé ou en instance de classement : (art. R. 421-2) :

– ***en raison de leur très faible importance ou de leur nature*** (art. R. 421-2 et 3) : les constructions, installations et travaux dont la hauteur au-dessus du sol est inférieure ou égale à 12 m et qui n'ont pas pour effet de créer de surface de plancher ou une emprise au sol supérieure à 5 m², les murs de moins de 2 m sauf s'ils constituent des clôtures (DP), éoliennes terrestres de moins de 12 m de hauteur, les installations photovoltaïques de moins d'1,80 m, les HLL implantées dans un terrain de camping ou un parc résidentiel de loisirs de moins de 35 m², terrasses de plain-pied, plates-formes nécessaires à l'activité agricole, les murs d'une hauteur inférieure à 2 m, les piscines dont la surface de bassin est inférieure à 10 m², les caveaux situés dans l'enceinte d'un cimetière, mobilier urbain (abri-bus), murs de soutènement, canalisations, voies, ponts, infrastructures portuaires (*CE, 24 avr. 2013, Min. de l'Écologie c/M. Davroux*), les travaux de ravalement en dehors des cas de l'article R. 421-17-1 (par exemple, dans le périmètre d'un site patrimonial remarquable) ;

- ***en raison de la faible durée de leur maintien en place ou de leur caractère temporaire*** (en principe, 3 mois), ce délai pouvant varier selon la destination de la construction. (art. R. 421-5 à 7). Il est repoussé, par exemple, jusqu'à un an pour les installations nécessaires au relogement d'urgence des personnes victimes d'une catastrophe naturelle ou des personnes migrantes en vue de leur demande d'asile (D. n° 2017-608, 21 avr. 2017) ; une année scolaire pour les classes démontables installées dans les établissements scolaires ou universitaires pour pallier les insuffisances temporaires d'accueil. Manifestation d'un droit « sur mesure », trois décrets portant application de la loi n° 2018-202 du 26 mars 2018 relative à l'organisation des JO de 2024 prévoient un régime spécifique de dispense d'autorisation d'urbanisme au profit des constructions et aménagements utilisés par les Jeux. Les textes précisent les durées maximales d'implantation dont bénéficient ces autorisations temporaires, tout en introduisant un dispositif de permis à « double état », l'un provisoire et l'autre définitif, applicable aux constructions et aménagements destinés, par exemple à évoluer en logements, commerces ou bureaux, à la clôture de l'événement ;
- ***pour raisons de sûreté*** ou si la préservation de leur confidentialité est nécessaire pour la sauvegarde des intérêts de la défense nationale (art. R. 421-8, mod. D. n° 2020-133 du 18 févr. 2020) : sont visées les constructions couvertes par le secret de la défense nationale ; les constructions situées à l'intérieur des arsenaux de la marine, des aérodromes militaires et des grands camps ; les dispositifs techniques nécessaires aux systèmes de radiocommunication numérique de la police et de la gendarmerie nationales, ainsi que les travaux relatifs à la reconstruction d'établissements pénitentiaires après mutinerie ou des travaux réalisés à l'intérieur de l'enceinte de ces établissements nécessitant le secret pour des raisons de sécurité.

■ *Travaux sur constructions existantes*

Pour les constructions existantes, la logique est inversée, le code posant le principe d'une dispense d'autorisation, à l'exception de certains travaux soumis à DP ou à PC (art. R. 421-13). La notion de construction existante implique la réunion de deux conditions, une existence physique (ce qui exclut les constructions en ruine ou inachevée et ayant un degré d'avancement insuffisant des travaux), et également une existence légale.

a) Permis de construire

Il résulte de la jurisprudence qu'une construction est existante lorsque la plupart des éléments du gros œuvre d'une construction existent et que les différents éléments (murs extérieurs, murs porteurs, charpente, toiture, planchers) ne sont pas en majeure partie reconstruits par le projet. L'article R. 421-14 détermine le régime d'application du permis :

- dans tous les cas, un PC est exigé si les travaux ajoutent une surface de plancher ou une emprise au sol supérieure à 20 m² ;
- toutefois, lorsque la construction est située en zone urbaine (ZU) d'une commune couverte par un PLU, un permis est nécessaire si les travaux ajoutent une surface de plancher ou une emprise au sol supérieure à 40 m² ou s'ils ajoutent entre 20 et 40 m² de surface de plancher ou d'emprise au sol et ont pour effet de porter la surface totale de la construction au-delà de 150 m², c'est-à-dire, au-delà de l'un des seuils fixés par le Code de l'urbanisme par le recours obligatoire à un architecte (extension qui porte de 129 m² à 151 m² la surface constructible implique le recours à l'architecte) (art. L. 431-3, mod. L. n° 2016-925, 7 juill. 2016) ;
- les travaux qui ont pour effet de modifier les structures porteuses ou la façade du bâtiment relèvent du permis, lorsqu'ils s'accompagnent d'un changement de destination entre les différentes destinations définies aux articles R. 151-27 (exploitation agricoles et forestières, habitation, commerce et activités de services, équipements d'intérêt collectif et services publics, autres activités des secteurs secondaire ou tertiaire) et les 21 sous-destinations de l'article R. 151-28. Comme avant, les locaux accessoires d'un bâtiment sont réputés avoir la même destination et sous-destination que le local principal (art. R. 151-29). La transformation d'un garage en chambre n'est donc pas un changement de destination, pas plus que la transformation d'un habitat individuel en habitat collectif (pas de changement de destination pour transformer un hôtel des impôts en collège privé, notion CINASPIC : *CAA Versailles, 19 oct. 2017, n° 15VE01459*). Le Conseil d'État précise l'office de l'administration dans le cas difficile d'une construction ancienne n'ayant pas fait l'objet d'une autorisation et abandonnée. Il a jugé que la rénovation d'une bergerie du XIXe siècle abandonnée doit être appréhendée en fonction des règles actuellement en vigueur sans tenir compte de sa destination initiale (*CE, 28 déc. 2018, req., n° 408743*) ;
- le changement de sous-destination au sein d'une même destination n'est pas, à lui seul, soumis à autorisation d'urbanisme. Seuls les changements de destination sont contrôlés par les services instructeurs. Les changements de destination, sans aucuns travaux, sont soumis à déclaration préalable (art. R. 421-17) et les changements de destination accompagnés de travaux modifiant les structures porteuses ou les façades sont soumis à PC (art. R. 431-14) ;
- les travaux nécessaires à la réalisation d'une opération de restauration immobilière au sens de l'article L. 313-4 : les édifices protégés au titre de la législation sur les monuments historiques font l'objet de dispositions particulières : les travaux exécutés sur les immeubles ou partie d'immeubles inscrits au titre des monuments historiques sont soumis à PC, à l'exception des

travaux d'entretien ou de réparations ordinaires et de ceux portant sur les constructions et dispositifs énumérés à l'article R. 421-8 et dispensés de toute formalité pour des raisons de sécurité.

b) Déclaration préalable

Selon l'article R. 421-17, doivent être précédés d'une déclaration lorsqu'ils ne sont pas soumis à PC (en application des articles R. 421-14 à R. 421-16), les travaux exécutés sur des constructions existantes, et les changements de destination des constructions existantes entre les différentes destinations et sous-destinations définies à l'article R. 151-27 et 28. Au titre des travaux, il en va ainsi de ceux qui modifient l'aspect extérieur d'un bâtiment existant : percement d'une nouvelle fenêtre, choix d'une nouvelle couleur de peinture pour la façade, édification d'une véranda sur une partie privative, travaux d'isolation extérieure. Doivent être déclarés les travaux entraînant la création soit d'une emprise au sol, soit d'une surface de plancher comprise entre 5 m^2 et 20 m^2 sachant que ce seuil peut être porté à 40 m^2 pour les constructions situées en zone U d'un PLU ou constructible d'une carte communale (à l'exclusion des travaux impliquant une obligation de recourir à un architecte autrement dit lorsque cette création conduit au dépassement de l'un des seuils fixés à l'article L. 431-3. Les travaux de ravalement nécessitent une déclaration préalable s'ils se situent : dans un espace protégé comme les abords d'un monument historique, dans un périmètre délimité par le PLU ou dans une commune où le conseil municipal ou l'organe délibérant de l'EPCI compétent en matière de PLU a décidé de soumettre, par délibération motivée, à déclaration préalable ces travaux (art. R. 421-17-1). Dans le périmètre des sites patrimoniaux remarquables et les abords des monuments historiques, les travaux, à l'exception des travaux d'entretien ou de réparations ordinaires, ayant pour effet de modifier l'aménagement des espaces non bâtis autour d'un bâtiment existant doivent être précédés d'une déclaration préalable (art. R. 421-24 et R. 421-25).

2 Le demandeur

Les règles relatives à la demande d'une autorisation de construire sont importantes car elles se situent au cœur de la philosophie des rapports entretenus entre les autorités administratives et les usagers.

■ *Le dépôt de la demande*

a) Auteur de la demande

Le pétitionnaire d'un permis ou l'auteur d'une déclaration préalable peut être (art. R. 423-1) :

- ***le propriétaire d'un terrain*** (îlot de propriété d'un seul tenant)*; le propriétaire de plusieurs terrains* (intéressant lorsque le projet de construction se situe sur deux unités foncières séparées par une voie) ; *les propriétaires de plusieurs terrains* (permis à plusieurs) sur la notion d'ensemble immobilier unique et de constructions distinctes (*CE, 28 déc. 2017, n° 406782*). On applique le principe de l'unicité du permis, selon lequel les constructions indivisibles doivent faire l'objet d'un seul permis (*CE, 17 juill. 2009, Vile de Grenoble*) ;
- ***le ou les mandataire(s) du (ou des) propriétaire(s) du (ou des) terrain(s)***, ou une ou plusieurs personnes attestant être autorisées(s) par le (ou les) propriétaire(s) du (ou des) terrain(s) ;
- ***l'un des co-indivisaires si le terrain d'assiette est en indivision*** (*CE, 15 févr. 2012, n° 333631, Mme Quennesson ; pour un refus de cette qualité à un syndic : CE, 11 févr. 2015, n° 366296, Synd. des copropriétaires du 12 rue de Tournon*) ;
- ***une personne ayant qualité pour bénéficier de l'expropriation pour cause d'utilité publique*** (État, collectivités territoriales, établissements publics, concessionnaires de services publics...).

Les demandes d'autorisation de travaux revêtent un caractère purement déclaratif. Tirant toutes les conséquences de la rédaction des articles R. 423-1 et R. 431-35, le Conseil d'État a précisé qu'il n'appartient plus à l'administration de vérifier si le demandeur d'une autorisation d'urbanisme revêt bien les apparences du propriétaire de la parcelle d'assiette du projet de construction ou s'il dispose de l'autorisation adéquate, sauf cas de fraude (*CE, 23 mars 2015, n° 348261*). La théorie dite du « propriétaire apparent » continue d'être précisée par le Conseil d'État. Pour annuler un PC, le juge administratif ne peut se fonder sur des décisions juridictionnelles qui ont, postérieurement à sa délivrance, remis en cause le titre de propriété du bénéficiaire (*CE, sect., 19 juin 2015, n° 368667, Cne de Salbris*). Si après délivrance du permis, l'administration a connaissance d'un cas de fraude, elle peut légalement retirer le permis (*CE, 9 oct. 2017, Sté Les Citadines*).

Dans sa décision du 12 février 2020, le Conseil d'État complète son acquis jurisprudentiel sur l'appréciation que doit porter l'autorité administrative sur la qualité pétitionnaire pour solliciter la délivrance d'une autorisation d'urbanisme. Dès lors que le demandeur de l'autorisation d'urbanisme atteste disposer des droits à construire, promesse de vente à l'appui, l'autorité administrative doit donc se contenter de cette information sans pouvoir la remettre en cause et ce, même si une procédure judiciaire est en cours sur cette question (*CE, 12 févr. 2020, req., n° 424608*). Sauf cas de fraude manifeste, les services instructeurs ne peuvent pas remettre en cause les droits à construire que le pétitionnaire a déclaré détenir dans sa demande et ce, même s'ils sont informés que ces droits sont contestés dans le cadre d'un litige privé. Le fait que la copropriété ait effectué un recours gracieux contre le permis délivré pour informer les services instructeurs qu'une autorisation de l'AG des copropriétaires aurait dû être obtenue par le pétitionnaire et que ce n'était pas le cas ne caractérise pas l'existence d'une fraude et ne peut être porté que devant le juge judiciaire (*CE, 3 avr. 2020, n° 422802, Ville de Paris*).

b) Le recours à l'architecte

Le recours à un architecte pour l'établissement des demandes de PC est en principe obligatoire, (art. L. 431-1) mais il existe des exceptions regroupées aux articles L. 431-3, R. 431-2 et R. 431-3.

En matière d'urbanisme, le seuil rendant obligatoire l'intervention d'un architecte est fixé à 150 m^2, hors bâtiments agricoles. Pour apprécier l'atteinte du seuil de 150 m^2 d'une construction autre qu'agricole (ex. : maison individuelle), on considère la surface de plancher et l'emprise au sol. La surface de plancher correspond à la somme des surfaces de tous les niveaux construits, clos et couvert, dont la hauteur de plafond est supérieure à 1,80 m. Elle se mesure au nu intérieur des murs de façades de la construction, donc à l'intérieur de la construction, d'un mur de façade à un autre (exclusion de l'épaisseur des murs). De cette surface de plancher, certaines surfaces sont déduites pour obtenir la surface de plancher définitive.

L'emprise au sol est une autre notion essentielle pour savoir si une construction respecte le règlement du PLU (art. R. 420-1). Elle correspond à « la projection verticale du volume de la construction, tous débords inclus ». On doit donc déduire les garages et les débords non clos (auvents, appentis ouverts ou une dalle de béton ne ressortant pas de la surface du sol : *CE, 21 févr. 2018, n° 401043*). Un parking encastré dans le sol s'élevant au-dessus du niveau du terrain de 80 cm constitue une surélévation devant être regardée comme une emprise au sol (*CAA Lyon, 11 avr. 2019, n° 19LY00048*).

Pour les constructions agricoles, on considère la surface de plancher et l'emprise au sol ne doivent pas excéder 800 m^2, avec un seuil spécifique pour les serres de 2000 m^2. Le décret n° 2019-617 du 21 juin 2019 ajoute à l'article R. 431-2, une dispense pour les constructions nécessaires au stockage et à l'entretien de matériel agricole par les coopératives d'utilisation de matériel agricole (CUMA), qui peuvent pourtant atteindre des proportions importantes.

Pour réaliser une extension sur une construction existante, le recours à l'architecte est obligatoire si les seuils sont dépassés lors de l'extension projetée (par ex. 119 m^2 + 32 m^2 = 151 > 150 donc recours obligatoire à l'architecte). Le demandeur et, éventuellement, l'architecte doit déclarer avoir connaissance et s'obliger à respecter les règles générales de construction inscrites dans le Code de la construction et de l'habitation.

Contenu de la demande

Deux types de renseignement sont à mentionner :

- ***les renseignements et pièces exigibles pour les PC***. Le contenu des demandes de PC est régi à l'article R. 431-5 (identité du ou des demandeurs ; numéro SIRET lorsqu'il s'agit d'une personne morale ; situation et superficie du ou des terrains ; nature des travaux ; destination des constructions, par référence aux différentes destinations et sous-destinations définies aux articles R. 151-27 et R. 151-28 ; surface de plancher du projet). La demande comporte également l'attestation du ou des demandeurs qu'ils remplissent les conditions définies à l'article R. 423-1 pour déposer une demande de permis. Quel que soit le permis demandé, la demande doit être complétée par d'autres pièces obligatoires : un plan de situation du terrain et le « projet architectural » composé de plans et documents écrits permettant d'apprécier l'impact visuel du projet (art. R. 431-7 et R. 431-8 à 12). Poursuivant l'objectif de protection des porteurs de projet contre des demandes successives de l'administration empêchant le délai d'instruction de courir, la loi limite les pièces requises dans le dossier d'instruction aux seules pièces nécessaires à la vérification du respect des règles d'urbanisme, de salubrité et de sécurité publique et à celles d'autres législations strictement énumérées aux articles L. 425-1 et s. Ainsi, lorsque l'autorité compétente demande la transmission de pièces autres, le délai d'instruction n'est pas interrompu. Autrement dit, la demande ne peut pas faire obstacle à l'obtention d'une autorisation tacite (art. L. 423-1). Lorsque les demandes concernent un projet qui conduirait à la construction de plus de 200 nouveaux logements en habitat collectif, l'autorité compétente recueille l'avis de l'autorité organisatrice de la mobilité compétente, qui lui indique notamment si ce projet peut conduire à une saturation des infrastructures de transport existantes (loi *Mobilités* 2019) ;
- ***les renseignements et pièces exigibles pour les déclarations préalables*** : deux formulaires de déclaration participent à la simplification des démarches (CERFA 13702*01 et 13703*01). La demande comporte un dossier dont la liste des pièces à fournir est énumérée sur la notice. Le déclarant doit fournir 2 exemplaires supplémentaires des plans de situation du terrain, de masse et de coupe (art. A. 431-9).

Il faut considérer que le dossier est complet si l'autorité compétente n'a pas, dans le délai d'un mois à compter du dépôt du dossier en mairie, et par lettre recommandée avec demande d'avis de réception ou par courrier électronique, notifié au demandeur ou au déclarant la liste des pièces manquantes (art. R. 423-22).

3 Dépôt et instruction

Autorité compétente

Avec les lois de décentralisation, les maires ont reçu compétence pour délivrer les PC dans les communes dotées de POS, de PLU ou de cartes communales approuvées. La répartition des compétences dépend avant tout de l'existence d'un document d'urbanisme :

– si la commune est dotée d'un PLU ou d'un document en tenant lieu (PSMV), la compétence de principe est celle du maire au nom de la commune. (art. L. 422-1). Cette disposition est élargie aux communes dotées d'une carte communale. Par exception à la compétence locale malgré la présence d'un PLU ou d'une carte, l'État reste compétent pour se prononcer sur certains projets mentionnés à l'article L. 422-2 (ex. : travaux à l'intérieur d'une OIN). Le transfert au préfet du PC des logements dans les « communes carencées » en matière de réalisation de logements sociaux est prévu à l'article R. 422-2. Cette mesure est conçue pour accélérer la réalisation de logements sociaux et la mixité sociale.
  Il est possible, pour la commune, de déléguer la compétence « autorisations » à un EPCI, la compétence étant alors exercée par le président de l'EPCI. La délégation de compétence doit être confirmée dans les mêmes formes après chaque renouvellement du conseil municipal ou après l'élection d'un nouveau président de l'EPCI. Le maire adresse au président de l'EP son avis sur chaque demande de permis et sur chaque déclaration préalable ;
– si la commune n'est pas couverte par un document de planification, les PC sont instruits et délivrés par le maire au nom de l'État, sauf dans les cas énumérés à l'article R. 422-2 (retour de la compétence au préfet).

Dépôt et enregistrement des demandes et des déclarations

La demande et le dossier sont établis en deux exemplaires pour les déclarations préalables, en quatre exemplaires pour les demandes de PC (art. R. 423-2). Grâce à la règle du « guichet unique », la tâche du demandeur est simplifiée. Le dépôt de la demande en mairie donne lieu à récépissé ou avis de réception postal délivré par le maire, indispensable pour établir le point de départ du délai d'instruction dont l'expiration, sans qu'une décision ait été notifiée au demandeur, entraîne délivrance d'un permis tacite. Le maire affecte un numéro d'enregistrement à la demande ou à la déclaration et en délivre un récépissé (art. R. 423-3) qui précise le numéro d'enregistrement et la date à laquelle un permis tacite doit intervenir, en application du premier alinéa de l'article L. 424-2 ou, dans le cas d'une déclaration préalable, la date à partir de laquelle les travaux peuvent être entrepris. Lorsque le projet entre dans les cas prévus à l'article R. 424-2, il indique au demandeur qu'à l'issue du délai, le silence éventuel de l'autorité compétente vaudra refus tacite du permis (art. R. 423-4 et R. 423-5). En effet, malgré la règle du silence vaut acceptation, dans de nombreux cas, listés aux articles R. 424- 2 et s., le silence de l'autorité compétente vaut toujours refus de la demande (par exemple, lorsque le projet porte sur un immeuble inscrit au titre des monuments historiques ; *CE, 12 févr. 2020, n° 421949, Ville de Paris*). Le récépissé précise également que l'autorité compétente peut, dans le délai d'un mois à compter du dépôt du dossier : notifier au demandeur que le dossier est incomplet ; notifier au demandeur un délai différent de celui qui lui avait été initialement indiqué, lorsque le projet entre dans les cas prévus aux articles R. 423-24 à R. 423-33.

■ *Affichage et transmission de la demande ou de la déclaration*

Dans les 15 jours qui suivent le dépôt de la demande et pendant la durée d'instruction, le maire procède à l'affichage en mairie d'un avis de dépôt de demande de permis ou de déclaration préalable précisant les caractéristiques essentielles du projet (art. R. 423-6). La régularité de l'affichage en mairie n'affecte pas le délai de recours contentieux (art. R. 600-2). Toutefois, l'intérêt à agir contre un PC doit s'apprécier à la date de l'affichage en mairie de la demande (et non sur le terrain) (art. L. 600-1-3). Le maire transmet les exemplaires aux organismes qui vont participer à l'instruction. Par exemple, lorsque la demande de PC porte sur un projet commercial (C. com., art. L. 752-1), le maire transmet au secrétariat de la commission départementale d'aménagement commercial 2 exemplaires du dossier (art. R. 423-13-2). Il lui appartient enfin de distribuer, dans la semaine qui suit le dépôt en mairie, les exemplaires de la demande au préfet dans le cadre du contrôle de légalité sur la décision finale (art. R. 423-7 et s.).

■ *Instruction des demandes et des déclarations*

Quand le PC est délivré au nom de la commune, l'instruction est effectuée par les services municipaux. Signe de modernisation, la loi *ÉLAN* autorise les communes et EPCI à externaliser l'instruction des demandes d'autorisation auprès d'un opérateur privé (art. L. 423-1). Toutefois, la compétence publique est maintenue pour la signature de l'autorisation (D. n° 2019-505, 23 mai 2019). Dans une décision du 9 novembre 2015, le Conseil d'État a jugé que lorsqu'une faute est commise dans le cadre de l'instruction d'un PC, c'est la personne publique compétente pour délivrer le permis qui engage sa responsabilité, même si la faute entache un avis émis par une autre personne au cours de l'instruction (*n° 380299*). Il reste possible, dans le cadre de la mise à disposition gratuite d'en confier le soin aux services déconcentrés de l'État (DDT). La mise à disposition est aujourd'hui destinée aux seules communes qui satisfont aux critères démographiques définis à l'article L. 422-8. La commune peut aussi confier l'instruction des demandes à un EPCI, à une agence départementale. Par ailleurs, une télé-procédure est créée pour assurer le traitement des demandes d'autorisation d'urbanisme à compter du 1er janvier 2022 pour les communes dont le nombre d'habitants sera supérieur à un seuil défini par un décret (loi *ÉLAN*, art. L. 423-3).

a) Délais d'instruction

1) *Délais de droit commun*

Les conditions d'instruction des demandes d'autorisations d'urbanisme ont longtemps conduit à une trop grande insécurité pour les demandeurs. Souhaitant resserrer les délais et rechercher leur intangibilité, l'article R. 423-23 a posé le principe selon lequel les délais sont prévisibles et garantis : 1 mois pour les déclarations préalables ; 2 mois pour les permis de démolir et pour construire une maison individuelle (notion précisée par le Conseil d'État : *CE, 26 mars 2018, n° 405330* : critère de l'affectation principale du bâtiment au regard du nombre de m² correspondant à chaque usage. Pour une demande portant sur un hangar dont 138 m² sont affectés à l'habitation et 395 m² à l'activité agricole, le délai d'instruction du PC est de 3 mois (délai pour un bâtiment agricole) ; 3 mois pour les autres PC et permis d'aménager. Le délai doit être notifié dans le récépissé délivré le jour de la demande. Néanmoins, il existe de nombreuses exceptions à l'application de ces délais de droit commun (délai de 4 ou 5 mois...).

2) *Allongement des délais*

En premier lieu, le code prévoit que les délais communs peuvent être majorés d'un mois dès lors que le projet est soumis à un régime d'autorisation ou à des prescriptions prévues par une autre législation que le Code de l'urbanisme, que la décision nécessite une dérogation en application des articles L. 152-4 (reconstruction à l'identique, etc.) et L. 152-6, qu'il est situé dans le périmètre d'un site patrimonial remarquable ou dans les abords des monuments historiques ou doit être soumis à l'avis de la CDPENAF ou mis à disposition du public (art. R. 423-24). En second lieu, le délai d'instruction est majoré de deux mois, en cas de consultation d'une commission départementale ou régionale, du ministre de l'Agriculture (CRPM, art. L. 643-4), lorsqu'il y a lieu d'instruire une dérogation aux distances d'éloignement entre bâtiments agricoles et habitations (CRPM, art. L. 111-3), lorsque le demandeur a joint à sa demande de PC une demande de dérogation aux règles d'isolation acoustique (CCH, art. L. 111-4-1) ou lorsque le permis porte sur un projet soumis à autorisation commerciale (art. R. 423-25, mod. D. n° 2017-626, 25 avr. 2017). Il est précisé que ces majorations de délai ne sont pas cumulables avec celle prévue par l'article R. 423-24. Les majorations de délai ne sont opposables que si elles ont été notifiées au plus tard dans un délai d'un mois à compter du dépôt du dossier en mairie. Le demandeur connaît donc précisément le délai dans lequel la décision devra intervenir. Une erreur de l'administration ne suffit pas, en principe, à modifier l'état du droit. Ainsi, un pétitionnaire ne peut arguer d'une erreur de l'administration, délai d'instruction illégitimement majoré, pour se revendiquer titulaire d'un permis tacite (*CAA Marseille, 9 mai 2017, n° 15MA03461*).

À côté des délais de droit commun, des délais dérogatoires (art. R. 423-27 à 29) et des prolongations exceptionnelles (art. R. 423-34 à 37) sont prévus au Code.

b) Forme de l'instruction

1) Complétude du dossier

Le délai d'instruction court à compter de la réception en mairie du dossier complet, c'est-à-dire comprenant les éléments constitutifs d'une demande de permis ou d'une déclaration (art. R. 431-4), étant entendu qu'il ne peut être exigé d'un pétitionnaire d'autres pièces que celles exigées par le Code de l'urbanisme (art. L. 423-1). L'expiration du délai clôt l'instruction (art. R. 423-19). Le Conseil d'État a confirmé que le délai prévu par le Code de l'urbanisme n'est pas un délai franc. On rappellera qu'un délai franc expire le lendemain de la date butoir, alors qu'un délai non franc expire au plus tard le jour même de l'expiration du délai (*CE, 17 sept. 2010, Cne de Saint-Baudille-de-la-Tour*).

Lorsque le délai d'instruction de droit commun est majoré en application des articles R. 423-24 à R. 423-33, l'autorité compétente indique au demandeur ou à l'auteur de la déclaration, dans le délai d'un mois à compter de la réception ou du dépôt du dossier complet ou des pièces manquantes à la mairie, le nouveau délai, les motifs de la majoration de délai.

2) Incomplétude du dossier

Lorsque le dossier ne comprend pas les pièces exigées par le code (art. R. 431-1 à 27), il est considéré comme incomplet. L'autorité compétente, dans le délai d'un mois à compter de la réception ou du dépôt du dossier à la mairie, doit adresser au demandeur ou à l'auteur de la déclaration une LR avec demande d'AR ou un courrier électronique, indiquant la liste des pièces manquantes (art. R. 423-38). Celles-ci devront être adressées à la mairie dans le délai de 3 mois à compter de la réception par le demandeur de la lettre. Dès réception des pièces manquantes, le point de départ du délai d'instruction peut commencer à courir (art. R. 423-39). L'article R. 423-41 précise à cet égard qu'une demande de production de pièce manquante notifiée après la fin de ce délai d'un mois n'a pas pour effet de modifier les délais d'instruction. Il en va de même lorsque la demande de pièce complémentaire porte sur une pièce qui n'est pas énumérée par le Code de l'urbanisme.

c) Fond de l'instruction

1) Règles imposables

L'article L. 421-6 impose la conformité du projet aux « dispositions législatives et réglementaires relatives à l'utilisation des sols, à l'implantation, la destination, la nature, l'architecture, les dimensions, l'assainissement des constructions et à l'aménagement de leurs abords ».

La section du contentieux du Conseil d'État a rendu une décision importante venant préciser les conditions dans lesquelles l'administration saisie d'une demande de PC peut vérifier l'exactitude des déclarations contenues. Il ressort de cet arrêt que, sauf circonstances particulières, le service instructeur doit faire confiance au pétitionnaire et considérer que les déclarations présentées dans sa demande de permis sont exactes (*CE, sect., 15 févr. 2019, n° 401384, Cne de Cogolin*). Le service instructeur doit vérifier que la demande est conforme aux règles d'urbanisme à la date où le permis est signé et non à la date de la demande. Cette règle connaît cependant une exception si le demandeur assortit sa demande de PC d'un certificat d'urbanisme en cours de validité, lequel a pour effet de « cristalliser » le droit applicable pendant 18 mois. Si le PLU a prévu que l'autorité compétente peut consentir des adaptations mineures, le service instructeur doit alors vérifier qu'il s'agit bien d'une adaptation mineure pour la valider. Celle-ci doit être rendue nécessaire par la nature du sol, la configuration des parcelles ou le caractère des constructions avoisinantes (par ex. coefficient d'emprise au sol de 52,5 % alors que le PLU le fixe à 50 %). L'administration doit contrôler « spontanément » si le projet peut être considéré comme étant conforme aux dispositions du PLU en bénéficiant, le cas échéant, d'adaptations mineures à ces dispositions. En pratique, cela signifie que l'administration qui relève une ou plusieurs non-conformités du projet aux règles du PLU doit vérifier d'elle même si le projet peut ou non bénéficier d'une adaptation mineure aux règles de ce PLU, y compris si aucune demande en ce sens n'a été formulée par le pétitionnaire (*CE, 11 févr. 2015, n° 367414*).

Depuis plusieurs années, et pour contrer un certain immobilisme juridique, le droit de l'urbanisme apporte un certain nombre d'exceptions au principe de l'interdiction des dérogations. On notera que le rattachement de la notion d'adaptation mineure à la notion générale de dérogation ne fait pas l'unanimité, et une partie de la doctrine a depuis longtemps autonomisé ces deux catégories. Initialement prévues pour répondre à des hypothèses particulières (ex art. L. 123-5), les dérogations sont clairement identifiées et répertoriées au code dans une même section pour davantage de lisibilité (art. L. 152-4, L. 152-5 et L. 152-6 : dérogations pour lever les freins à l'isolation, ou permettre l'accessibilité des personnes handicapées à un logement existant, par ex.). En application de l'article R. 431-31-2, lorsque le projet est accompagné d'une ou plusieurs dérogations (dérogations dans les zones tendues de l'art. L. 152-6), la demande doit être jointe à la demande de PC, et, selon les types de dérogations, accompagnée d'une note précisant la nature de la ou des dérogations demandées. L'article L. 152-5 exclut de ce dispositif dérogatoire, les immeubles classés ou inscrits au titre des monuments historiques, les immeubles protégés au titre des abords, les immeubles situés dans le périmètre d'un site patrimonial remarquable (art. L. 631-1). Enfin, pour les autres règles ne figurant pas dans le PLU, l'administration peut admettre des dérogations mais sous le contrôle du juge administratif qui exerce alors un contrôle maximum dit du « bilan coûts-avantages ». La dérogation doit toujours être motivée.

2) Un permis « sous réserve des droits des tiers »

Le permis de construire est toujours délivré « sous réserve des droits des tiers ». Il est logique qu'un PC, accordé en fonction des seules règles d'urbanisme applicables au terrain (et non de droit privé), ne puisse conférer à son titulaire le droit de violer une servitude de non-construction inscrite dans un acte de droit privé au bénéfice d'un fonds voisin (servitudes civiles de l'article 637 du Code civil : vue, ensoleillement, mitoyenneté, passage, canalisation), dont l'administration ne peut pas avoir connaissance et qu'elle n'a pas pour mission de faire respecter (démolition de l'extension d'une maison pour perte d'ensoleillement : *Cass. 3e civ., 7 déc. 2017, n° 16-13309*). Il appartient, en telle hypothèse, au requérant de faire un recours devant le juge judiciaire. Dans cette logique, la question de savoir si l'AG des copropriétaires a bien autorisé ces travaux est étrangère à la vérification du respect de la règle d'urbanisme. Dès lors, la déclaration du pétitionnaire attestant sur l'honneur qu'il dispose des droits à construire suffit et les services instructeurs ne peuvent pas refuser le permis au motif que l'AG des copropriétaires n'a pas autorisé les travaux, quand bien même existerait-il un litige à ce sujet (*CE, 3 avr. 2020, req., n° 422802, Ville de Paris*). Pourtant, on rappellera que, de son côté, le Conseil d'État a jugé, dans sa formation la plus solennelle, que le bénéficiaire du permis doit obtenir l'accord de la copropriété quand les travaux affectent les parties communes ou l'aspect extérieur d'un immeuble (*CE, sect., 19 juin 2015, n° 368667, Cne de Salbris*).

4 Les décisions possibles

■ *Forme de la réponse*

Si une décision est prise avant l'expiration du délai d'instruction initialement fixé et notifiée au demandeur, on parle de ***décision expresse***. Elle fait l'objet d'un acte explicite. La décision expresse prend la forme d'un arrêté notifié, lequel doit mentionner le sens de la décision (octroi ou refus du PC, permis conditionnel, permis précaire, permis de régularisation, opposition à une déclaration, sursis à statuer). On notera une particularité puisque la décision d'octroi n'est applicable qu'aux permis. En effet, les déclarations préalables n'ont pas à faire l'objet d'une décision favorable expresse. Pour le dire autrement, dans l'hypothèse de l'acceptation de réaliser les travaux, on parle *de* non-opposition à déclaration préalable. Ce n'est qu'en cas de refus de réaliser les travaux que la notification expresse de l'opposition à travaux est requise. On parle alors d'opposition à la déclaration préalable.

À défaut de notification d'une décision expresse dans les délais d'instruction, le silence gardé par l'autorité compétente vaut, selon les cas, ***permis tacite ou décision de non-opposition à déclaration préalable*** (art. R. 424-1). Cette règle est très favorable à l'administré en ce qu'elle reporte sur l'administration la responsabilité des délais et ne lui permet pas de temporiser. Elle sait qu'à défaut d'être réactive, elle accorde le permis et doit donc faire en sorte que les délais soient tenus. Dans cette logique, le refus de PC est pour sa part, par principe, explicite puisqu'on applique la règle du silence vaut acceptation. Les autorisations tacites sont de véritables autorisations, qui engagent la responsabilité de la commune de la même manière qu'une décision expresse. La seule différence est que l'autorisation tacite n'est pas matérialisée par un arrêté, ce qui est donc réservé aux autorisations sur lesquelles l'autorité n'émet aucune prescription (sauf permis conditionnels). Cela dit, pour éviter que cette règle ne soit préjudiciable au point d'être irréparable, le Code de l'urbanisme envisage de nombreux cas dérogatoires dans lesquels la décision ne pourra jamais être tacite, listés aux articles R. 424-2 et suivants. Ici, le silence vaut toujours rejet. Par exemple, la décision ne pourra jamais être tacite pour les travaux concernant un immeuble inscrit au titre des monuments historiques ou lorsque le projet est soumis à enquête publique, etc.

■ *Contenu de la décision*

Si la décision comporte refus de permis ou s'oppose à la déclaration, elle doit être motivée (sur la base de l'art. R. 111-2 pour des motifs de sécurité ; à propos d'éoliennes, *CE, 25 juin 2018, n° 413136*), sachant qu'une administration qui refuse de délivrer un PC peut être enjointe par le juge des référés d'instruire la demande (*CE, 15 oct. 2018, n° 416670, Cne Sables-d'Olonne*). Si la décision est assortie de prescriptions (*CE, 6 déc. 2017, n° 398537*), ou oppose un sursis à statuer ou comporte une dérogation ou une adaptation mineure aux règles d'urbanisme applicables (art. L. 424-3), elle doit être également motivée. Le refus peut être exprès ou tacite. Dans une décision du 15 avril 2016 (*n° 371274*), le Conseil d'État a précisé les conditions d'indemnisation d'un refus illégal de PC, posant les principes donnant droit à cette indemnisation. Si le requérant justifie de circonstances particulières (engagements souscrits par de futurs acquéreurs, par ex.) permettant de faire regarder ce préjudice comme présentant un caractère direct et certain, le requérant est fondé à obtenir réparation au titre du bénéfice qu'il pouvait raisonnablement attendre de cette opération. Par arrêt du 12 juillet 2017, le Conseil d'État a rappelé que le manque à gagner causé par le refus illégal d'un permis d'aménager peut être indemnisé (*n° 394491*). Dans son avis rendu le 25 mai 2018, *Préfet des Yvelines* (*n° 417350*), la Haute juridiction, revenant sur une jurisprudence contraire, précise qu'en cas d'annulation d'un refus d'autorisation de construire, le juge doit en principe enjoindre à l'autorité de délivrer ladite autorisation. La position du Conseil d'État marque ici un tournant important dans l'évolution du droit de l'urbanisme en permettant de contrer la pratique des refus successifs des demandes de PC par les collectivités publiques.

L'octroi peut être exprès ou tacite. La décision d'octroi du PC est exécutoire à compter de sa notification au demandeur et de sa transmission au préfet (art. L. 424-7). Le permis tacite et la décision de non-opposition à déclaration préalable sont exécutoires à compter de la date à laquelle ils sont acquis (art. L. 424-8) et l'autorité compétente en délivre certificat sur simple demande du pétitionnaire, du déclarant ou de ses ayants droit (art. R. 424-13).

Enfin, en cas de sursis à statuer (art. L. 111-8), la décision indique la durée du sursis et le délai dans lequel le demandeur pourra confirmer sa demande (*CE, 11 févr. 2015, n° 361433, SCI Naq Gamma*). En l'absence d'une telle indication, aucun délai n'est opposable au demandeur (art. R. 424-9).

5 Les effets

Une fois acquis, et régulièrement affiché, le permis donne le droit à son bénéficiaire d'effectuer les travaux. La délivrance de l'autorisation ne lui confère cependant pas une sécurité juridique totale.

■ *Les mesures de publicité*

a) L'affichage sur le terrain

L'affichage sur le terrain est complexe dans sa mise en œuvre. Il est assuré par les soins de son bénéficiaire sur un panneau rectangulaire de dimension supérieure à 80 cm, dès la notification d'octroi ou dès la date à laquelle le permis tacite ou la décision de non-opposition à la déclaration préalable est acquis et pendant toute la durée du chantier. Le panneau doit indiquer le nom du bénéficiaire, le nom de l'architecte auteur du projet architectural, la date de délivrance, le numéro du permis, la nature du projet et la superficie du terrain, la hauteur, ainsi que l'adresse de la mairie où le dossier est consultable. Le délai de recours contentieux est de 2 mois à compter du premier jour d'une période continue de 2 mois d'affichage sur le terrain du panneau (art. R. 600-2), encore faut-il que l'affichage ne comporte pas d'erreur substantielle relative aux caractéristiques du projet, ce qui ferait obstacle au déclenchement du délai de recours contentieux à l'égard des tiers (*CE, 25 févr. 2019, n° 416610 ; CE, 16 oct. 2019, n° 419756*). Par ailleurs, mention doit être faite de l'obligation de notification de l'article R. 600-1 qui rappelle, dans un souci de sécurité juridique que « tout recours administratif ou tout recours contentieux doit, à peine d'irrecevabilité, être notifié à l'auteur de la décision et au bénéficiaire du permis ou de la décision prise sur la déclaration préalable ». L'obligation de notification du recours n'incombant au requérant qu'à la condition que les dispositions de l'article R. 600-1 aient été reproduites sur le panneau d'affichage du PC (*CAA Paris, 11 avr. 2019, n° 18PA00838*).

Le caractère continu de l'affichage est une preuve compliquée à apporter qui reste à la charge du bénéficiaire, et par tout moyen (constat d'huissier). Le juge de Grenoble avait fait preuve de « modernité » en acceptant que la preuve de la continuité vienne de photos postées sur Facebook (*TA, réf., 27 juin 2011, M. Villemain*). Ce n'est qu'en présence d'éléments sérieux mettant en doute la continuité qu'il appartient au titulaire du permis de fournir des éléments de sens contraire, de nature à emporter la conviction du juge (*CE, 19 déc. 2019, n° 421042*). Il existe une abondante jurisprudence du respect des dispositions de l'article R. 424-15. De nombreux arrêts envisagent, au cas par cas, si l'erreur commise dans l'affichage a été de nature à priver les tiers d'une bonne information (*CE, 1er juill. 2010, Centre hospitalier de Menton*). Traditionnellement, le juge administratif exige un affichage complet, et « visible de l'extérieur », lisible à partir de la voie publique. En cas d'affichage sur un terrain non visible depuis la voie publique ou ouverte à la circulation du public, le délai de recours ne court pas à l'égard des tiers non voisins. Cet arrêt opère une distinction entre les tiers (voisins du terrain) et les autres susceptibles de former un recours en annulation du permis (*n° 370846*). Un affichage du PC sur le terrain ne mentionnant pas l'adresse de la mairie où il peut être consulté n'entache pas cet affichage d'une irrégularité substantielle dès lors qu'en mentionnant le nom de la mairie, le panneau renseigne suffisamment les tiers sur l'administration à laquelle s'adresser. Par suite, cette omission ne fait pas obstacle au déclenchement du délai de recours juridictionnel à l'égard des tiers (*CE, 20 oct. 2020, n° 429357*).

Le permis ne devient définitif qu'à compter du premier jour d'une période continue de 2 mois d'affichage sur le terrain, ce qui sécurise le bénéficiaire du permis car le point de départ du délai ne dépend que de lui et non de la mairie, plus ou moins diligente pour l'affichage en mairie (art. R. 600-2). Ainsi, le pétitionnaire n'a plus à requérir l'affichage en mairie et ne subit plus les éventuels blocages de l'autorité compétente (*CE, 28 juill. 2000, Cne de Port-Vendres*).

Afin de protéger le bénéficiaire de contestations tardives tout en préservant les droits des tiers, le Conseil d'État a étendu sa jurisprudence *Czabaj (13 juill. 2016, n° 387763)* aux recours introduits contre les autorisations d'urbanisme, en cas de permis mal affiché. Désormais, un PC ne peut plus être contesté au-delà d'une durée d'un an, même si ses mesures de publicité n'ont pas permis de faire courir le délai de recours contentieux qui, lui, reste de 2 mois. Cette solution n'est valable que si le permis a au moins été affiché sur le terrain et en mairie, comme l'imposent les dispositions de l'article R. 424-15 du Code de l'urbanisme. Le Conseil d'État a considéré que, dans le cas où l'affichage de l'autorisation d'urbanisme n'aurait pas fait courir le délai de recours de

2 mois faute d'avoir porté mention dudit délai sur le panneau, le recours doit être impérativement présenté « dans un délai raisonnable » qui court à compter du premier jour de la période continue de 2 mois d'affichage sur le terrain. Ce délai raisonnable ne peut, désormais, au sens de la jurisprudence *Czabaj* excéder un an à compter du premier jour d'affichage de l'autorisation et si les travaux sont terminés, alors le recours ne pourra être introduit que jusqu'à 6 mois à compter de l'achèvement des travaux (*CE, 9 nov. 2018, n° 409872, SCI Valmore*).

b) L'affichage en mairie

Il intervient dans les 8 jours de la délivrance du permis ou de la décision de non-opposition à la déclaration préalable. Sa durée est de 2 mois (de façon visible et dans un lieu accessible au public). Depuis 2007, cet affichage est devenu purement informatif. Il n'a plus aucune incidence sur les délais de recours. Le délai de recours des tiers est désormais déconnecté de l'affichage en mairie. On rappellera que la date d'affichage en mairie ne figure plus dans la liste des mentions obligatoires du panneau d'affichage du permis (art. A. 424-16).

■ *Effets et mise en œuvre*

a) Effets

Une fois acquis, le permis donne le droit à son bénéficiaire d'effectuer les travaux dans les limites du projet présenté par le demandeur (*CE, 13 juill. 2012, Mme Egret*). Lors de l'ouverture du chantier, le bénéficiaire du permis adresse au maire de la commune une déclaration réglementaire d'ouverture de chantier (DROC) en 3 exemplaires (art. R. 424-16). La déclaration est établie conformément au formulaire CERFA 13407.01. Elle marque le point de départ de certaines assurances-construction, notamment décennales. Le PC est le fait générateur de la taxe locale d'équipement (*CE, 26 nov. 2014, Sté les Nicolas, Sté du Pont Garniers*).

Les droits conférés par le PC sont limités dans le temps. En effet, le PC est menacé de retrait, de péremption, mais il peut être prorogé.

1) Le retrait

Le retrait permet à l'administration de revenir sur les droits qu'elle a elle-même reconnus en faisant disparaître rétroactivement le permis illégal. Un permis retiré est dit « rapporté ». La loi *ALUR* a aligné le régime de la DP sur le permis en étendant cette possibilité de retrait à la déclaration de non-opposition (art. L. 424-5), jusqu'alors impossible. Le retrait doit être motivé par l'autorité qui a accordé l'autorisation.

Obéissant au parallélisme des compétences, celui qui a accordé le permis, a compétence pour le retirer. Le permis illégal, peut être retiré dans un délai de 3 mois, ce qui permet d'enfermer le retrait de l'administration dans un délai bref pour l'inciter à se préoccuper en priorité de ses décisions illégales. Le délai de 3 mois n'est pas un délai franc, il en résulte que la décision de retrait doit être notifiée au bénéficiaire du permis avant l'expiration du délai de 3 mois suivant la date à laquelle ce permis a été accordé (*CE, 13 févr. 2012, Association SPA de Vannes*). Passé ce délai, le permis ne peut être retiré qu'à la demande de son bénéficiaire (*CE, 23 juin 2014, Sté Castel Invest*). Dans un élan de simplification, il est désormais précisé que le titulaire d'une première autorisation d'urbanisme n'a pas à en solliciter le retrait avant d'en demander une seconde (art. L. 424-5).

Le retrait du permis prime sur sa délivrance, si la légalité de la décision de retrait est admise, il n'y a plus lieu de statuer sur la décision retirée. Dans le cas où le juge de l'excès de pouvoir statue par une même décision sur des conclusions dirigées contre une décision et des conclusions dirigées contre son retrait, il a l'obligation d'examiner d'abord les conclusions dirigées contre le retrait (*CE, 5 mai 2017, n° 391925*).

Mais, si le permis a été obtenu par fraude, il n'est plus créateur de droit et peut être retiré à tout moment (*CE, 9 oct. 2017, n° 398853* : retrait sans délai du PC fondé sur des éléments dont le maire a eu connaissance après sa délivrance). Le retrait du PC peut être prononcé, même si celui-ci a été délivré sur la base d'informations erronées qui ne pouvaient être ignorées par l'administration (*CE, 26 avr. 2018, n° 410019*). Le maire n'est pas obligé de retirer un PC illégal si personne ne le lui demande, ce retrait constituant une simple faculté (*CE, 7 juill. 2008, P. Auquier*). Le Conseil d'État admet qu'un tiers justifiant d'un intérêt à agir est recevable à demander, dans le délai de recours contentieux, l'annulation de la décision par laquelle, le maire a refusé de retirer ou d'abroger un acte administratif obtenu par fraude (*CE, 5 févr. 2018, n° 407149, SCI Cora*). De plus, un sursis à statuer consécutif à un PC tacite emporte retrait de ce dernier, et n'est donc légal que si les conditions juridiques du retrait sont réunies (*CAA Douai, 14 févr. 2013, n° 12DA00762*). On notera enfin que l'annulation du retrait illégal entraîne la renaissance du permis, ce qui soulève de nombreuses questions (en cas de péremption du permis, etc.). Pour autant, le Conseil d'État a jugé que le choix du pétitionnaire de ne pas exercer de recours contre le retrait illégal ne rompt pas le lien direct de causalité entre le préjudice et l'illégalité fautive (*CE, 2 sept. 2015, n° 371205*). En outre, le bénéficiaire d'un PC peut obtenir indemnisation du préjudice qu'il a subi, du fait de l'illégalité du PC retiré mais également « en raison de l'illégalité du PLU sur le fondement duquel le permis annulé avait été délivré » (*CE, 22 févr. 2017, n° 392187, en l'espèce, PC et PLU contraires à la loi Littoral*). Pour tenir compte de l'intérêt général qui s'attache à la couverture rapide de l'ensemble du territoire par les réseaux de téléphonie mobile, une disposition introduit une dérogation aux dispositions de l'article L. 424-5 en supprimant jusqu'au 31 décembre 2022 toute possibilité pour le maire de retirer les décisions d'urbanisme autorisant l'implantation d'antennes de radiotéléphonie mobile. Enfin, le Conseil d'État a jugé que la dérogation ne « pas obstacle au droit des personnes intéressées à exercer un recours juridictionnel contre les décisions relatives à l'implantation des antennes de radiotéléphonie mobile, ni à la possibilité pour le préfet d'exercer son contrôle de légalité » (*CE, 11 déc. 2019, n° 434741*).

2) La péremption (art. R. 424-17)

Afin de pallier la crise du secteur de la construction, le délai de validité des autorisations d'urbanisme a été allongé. Les autorisations d'urbanisme sont valables pendant une durée de trois ans (et non plus de deux ans) à compter de leur notification au bénéficiaire. Pour autant, l'autorisation n'est pas éternelle. À l'expiration de ce délai, les autorisations sont périmées, et frappées de caducité si les constructions ne sont pas entreprises dans un tel délai (caractère d'ordre public). Passé un délai de 3 ans, et pour éviter que le titulaire ne prolonge son permis indéfiniment en effectuant les travaux puis en s'arrêtant, l'article R. 424-17 prévoit aussi que le permis est périmé si, après le délai de 3 ans initial, les travaux sont interrompus pendant une année, l'année d'interruption ne se situant pas dans les 3 premières années. Dans un arrêt du 10 mai 2017, le Conseil d'État a précisé que le délai d'un an d'interruption des travaux ne commence à être décompté qu'à l'expiration du délai de 3 ans et qu'un arrêt du chantier antérieur à cette date est sans effet sur la validité du permis (*CE, 10 mai 2017, n° 399405, SCI La Bruyère*). La péremption des autorisations de construire est donc loin d'être automatique.

Il appartient aux juges du fond d'apprécier si les travaux sont constitutifs d'un commencement ou d'une poursuite d'exécution de nature à interrompre le délai. Les « faux-semblants » de travaux ne permettent pas d'interrompre le délai de péremption (travaux de décapage du terrain) et constituent une « fraude à la loi » lorsqu'ils sont entrepris dans le seul but de faire échec à la péremption. Les travaux ont donc un effet interruptif s'ils ont un caractère substantiel (démolition d'un bâtiment ou travaux de terrassement), ce dernier étant contrôlé par les juges du fond dont l'appréciation est souveraine (*CE, 28 juill. 1999, SCI Jeanne d'Arc*). En matière de fiscalité, le Conseil d'État applique une jurisprudence semblable puisque les redevables de la taxe d'aménagement ne peuvent en obtenir la restitution alors qu'ils justifient qu'ils n'ont pas donné suite à l'autorisation de construire, la réalisation de seuls travaux de terrassement ou démolition, sans commencement de travaux de construction, constituant une « exécution partielle des travaux projetés » (*CE, 17 avr. 2019, n° 409018*).

Dès que la péremption est constatée par l'administration, le PC devient caduc automatiquement. L'autorisation ne peut faire l'objet ni d'un transfert, ni d'un permis modificatif. Les travaux, s'ils sont poursuivis, sont irréguliers et l'administration est en droit d'ordonner leur interruption (art. L. 480-1). Du reste, le maire est tenu de dresser un PV lorsqu'il a connaissance d'une infraction (*CE, 23 sept. 2019, n° 424270*).

Toutefois, le délai de validité du permis peut être suspendu dans plusieurs hypothèses (art. R. 424-19) : d'une part, en cas de recours contre le permis de construire lui-même. Cette disposition permet d'éviter de voir se reproduire des situations fâcheuses dans lesquelles l'opération immobilière est paralysée jusqu'à l'intervention d'une décision définitive de la juridiction. En revanche, le recours exercé contre un refus de PC modificatif n'a pas pour effet de suspendre le délai de validité du PC initial (*CE, 21 févr. 2018, n° 402109*). D'autre part, en cas de recours contre une décision prévue par une législation connexe donnant lieu à une réalisation différée des travaux dans l'attente de son obtention. Le Conseil d'État a jugé qu'une autre législation a un effet retardateur sur le délai de péremption. Ainsi, quand les travaux ne peuvent commencer sans une autorisation prévue par une autre législation (loi sur l'eau par ex. art. R. 424-20), le point de départ du délai de péremption de l'autorisation d'urbanisme concorde avec la date de délivrance de l'autorisation « loi sur l'eau » (*CE, 10 févr. 2017, n° 383329, SARL Immoconseil*). Dans ces deux cas, la suspension du délai de trois ans court jusqu'au prononcé d'une décision juridictionnelle irrévocable (art. A. 424-8).

3) La prorogation

Certains événements ont une incidence sur le cours de validité des autorisations, tel est le cas de la prorogation (art. R. 424-21 à 23). La prorogation permet à l'autorisation d'urbanisme de produire des effets au-delà du délai normal de validité, sur demande de son bénéficiaire si les prescriptions d'urbanisme et les servitudes administratives auxquelles est soumis le projet n'ont pas évolué de façon défavorable à son égard (art. R. 424-21). L'article R. 424-21 ouvre droit à deux prorogations pour une durée d'un an sur demande de son bénéficiaire et permet également plusieurs prorogations pour les ouvrages d'énergie renouvelable, dans un délai maximal de dix ans à compter de la délivrance. La décision de prorogation obéit à un certain formalisme. En application de l'article R. 424-22, le pétitionnaire doit adresser sa demande au maire 2 mois au moins avant l'expiration du délai de validité. En principe accordée par un arrêté dans les 2 mois à compter du dépôt de la demande, la décision peut être également implicite. En effet, lorsqu'aucune décision n'a été adressée au bénéficiaire dans les 2 mois suivant la demande de prorogation, une prorogation tacite intervient et prend effet à l'expiration du délai de 2 mois partant de la date de l'avis de réception de la demande de prorogation. Ainsi, l'absence de réponse expresse à une demande de prorogation faite le 20 mars 2019 et reçue par la commune le 25 mars 2019, fait naître, à compter du 25 mai 2019, une décision de prorogation tacite du permis. Aucune disposition n'impose qu'une demande de prorogation soit accompagnée d'une attestation du demandeur selon laquelle il continue de remplir les conditions pour solliciter le PC (*CE, 15 avr. 2015, n° 371309, Cne de Perros-Guirec*). L'arrêté de prorogation peut être retiré, s'il est illégal. La prorogation prend effet au terme de la validité de la décision initiale.

b) La mise en œuvre des autorisations

Dès qu'il commence les travaux, le titulaire du PC doit adresser au maire une déclaration d'ouverture du chantier. Pendant toute la durée du chantier, l'administration peut visiter les constructions en cours. Concernant le régime de la régularité des travaux, le titulaire du permis a par la suite l'obligation de faire une déclaration attestant l'achèvement de travaux (DAACT) par laquelle il s'engage sur la conformité avec le permis (art. L. 462-1). Si les travaux ne sont pas conformes à l'autorisation (art. R. 462-9), l'autorité compétente a 3 mois à compter de la date de réception en mairie de la DAACT pour mettre en demeure le maître de l'ouvrage de déposer un dossier modificatif ou de mettre les travaux en conformité avec l'autorisation accordée. Si aucune décision n'est intervenue dans le délai de 3 mois, une attestation certifiant que la conformité des travaux avec le permis n'a pas été contestée est alors délivrée sous quinzaine, par l'autorité compétente, au bénéficiaire du permis ou à ses ayants droit, sur simple requête de ceux-ci ; passé ce délai, elle sera réputée n'avoir pas contesté la conformité des travaux, le permis ou la déclaration ne pouvant plus être contesté (art. L. 462-2). L'expiration du délai ne fait naître aucune décision susceptible de faire l'objet d'un recours contentieux. Mais, des actions civiles ou pénales restent possibles jusqu'à leur prescription (art. L. 480-4).

Dans les faits, il arrive que des travaux se déroulent en toute illégalité. La question du statut des constructions irrégulières est réglée depuis la décision du Conseil d'État « *Thalamy* » qui prévoit que la collectivité ne peut délivrer le permis que si celui-ci a pour objet de rendre conforme la totalité de la construction par rapport à la règle d'urbanisme en vigueur (*CE, 9 juill. 1986, n° 51172*), ce qui n'est pas toujours possible. Si les règles d'urbanisme ne permettent pas la régularisation de la construction « dans son entier », l'autorité compétente peut cependant autoriser les seuls travaux nécessaires à la préservation de cet immeuble. Mais il devra s'agir d'une « construction ancienne » à l'égard de laquelle aucune action civile ou pénale n'est plus possible (*CE, 3 mai 2011, Ely*), et plus précisément de « travaux anciens » depuis l'arrêt « *Lamarque* » du 16 mars 2015 (*n° 369553*). Cette solution sévère et critiquée avait déjà poussé le législateur à instaurer en 2006 une prescription administrative de 10 ans codifiée à l'article L. 421-9 qui efface les conséquences de l'irrégularité d'une construction initiale ou de travaux modificatifs. Ainsi, il n'est plus possible de refuser l'autorisation de procéder à des travaux sur un immeuble existant au motif que celui-ci aurait été construit illégalement, dès lors que l'immeuble est âgé de plus de dix ans. Mais, ce « ***droit à l'oubli*** » dont bénéficient les propriétaires de constructions anciennes ne s'applique pas « lorsque la construction a été réalisée sans PC » (art. L. 421-9, e). Autrement dit, cette exception reste sans conséquence sur la jurisprudence *Thalamy,* si les travaux exécutés sur un immeuble existant nécessitaient un PC et qu'ils ont été entrepris en l'absence de ce dernier. Leur illégalité continuera de produire ses effets au-delà d'une période de dix ans. Cette dernière exception a fait l'objet d'une précision attendue par l'arrêt du Conseil d'État du 3 février 2017 dans une affaire relative à des travaux de réhabilitation d'un immeuble ancien. Il a été jugé que la régularisation de l'article L. 421-9 est applicable lorsque la construction initiale aurait dû faire l'objet d'une simple déclaration préalable. En clair, l'exception du e) de L. 421-9 ne s'applique qu'aux travaux réalisés sans PC. Enfin, il est précisé que l'exclusion des travaux soumis à PC du bénéfice du dispositif de l'article L. 421-9 s'applique, alors même que les travaux seraient d'une faible ampleur. Dès lors qu'ils auraient dû être autorisés par un PC et qu'ils ne l'ont pas été, les services instructeurs doivent les considérer comme illégaux, même s'ils ont été entrepris il y a plus de dix ans (*CE, 3 févr. 2017, n° 373898, Eber*). Le Conseil d'État a par ailleurs précisé qu'un maire qui refuse le raccordement d'une maison aux réseaux de manière définitive au motif qu'elle a été réalisée sans PC, doit démontrer qu'au moment de son édification, une telle autorisation était obligatoire (après l'entrée en vigueur de la loi relative à l'urbanisme du 15 juin 1943 : *CE, 13 janv. 2017, n° 392638*).

Par ailleurs, lorsque la construction ou les travaux ont bien fait l'objet d'un PC mais qu'ils ne sont pas conformes avec ce dernier, il est possible de demander un permis modificatif (PCM) afin de régulariser cette construction car lorsque l'on procède à des travaux sur une construction qui est, de base illégale, il sera impossible d'obtenir un PC.

Deux mécanismes de régularisation codifiés aux articles L. 600-5 et L. 600-5-1 permettent au juge administratif de régulariser des autorisations d'urbanisme faisant l'objet d'un recours en annulation :

– d'abord, l'article L. 600-5 autorise le juge administratif à prononcer une annulation partielle de l'autorisation d'urbanisme attaquée ce qui suppose la divisibilité de l'élément corrompu des autres composantes du projet : a *contrario* pour une illégalité affectant l'ensemble du projet et donc non régularisable, *CAA Bordeaux, 15 nov. 2017, n° 15BX02284*) et à fixer un délai de régularisation par permis modificatif de la partie annulée, la régularisation se faisant « post instance » *(CE, 7 mars 2018, n° 404079, Fontaine de Villiers*). La régularisation peut intervenir même après achèvement des travaux ;
– ensuite, l'article L. 600-5-1 autorise le juge administratif à organiser la régularisation du PC attaqué « *en cours d'instance* ». Un PCM délivré pendant l'instruction de la procédure d'appel peut donc potentiellement permettre la régularisation d'une illégalité retenue par les juges de première instance. Le juge, saisi d'un recours contre le permis, peut constater que l'autorisation est entachée d'un vice susceptible d'être régularisé par un PCM, y compris désormais lorsque les travaux litigieux sont achevés (*CE, 6 avr. 2018, n° 402714, Association NARTECS* : régularisation par un PCM d'un vice tiré de l'intérêt personnel du maire à un projet). La mesure de la régularisation prise au titre de l'article L. 600-5-1 peut, le cas échéant, prendre la forme d'une

dérogation aux règles d'urbanisme applicables, sur le fondement notamment de l'article L. 152-6, à la condition que le pétitionnaire ait formé une demande en ce sens conformément à l'article R. 431-31-2 du même code. Dans cette affaire, la mesure de régularisation consistait en la délivrance d'un PCM qui sollicitait, notamment, une demande de dérogation aux règles de retrait prévues à l'article UC + 7 du PLUi de La Rochelle (*CE, 17 déc. 2020, n° 432561*). Un arrêt de section du Conseil d'État pose des règles destinées à trouver un équilibre dans les droits de chacun. D'un côté, le pétitionnaire dont le PC est attaqué peut régulariser certaines illégalités en cours de procédure via l'obtention d'un PCM. Quant au contestataire du projet, il peut attaquer ce permis modificatif mais il doit le faire uniquement lors de l'instance dirigée contre le permis initial. S'il se trompe, son erreur pourra cependant être rectifiée par le juge lui-même qui orientera son recours vers la bonne juridiction (*CE, sect., 15 févr. 2019, n° 401384, Cne de Cogolin*).

– enfin, dans son avis du 2 octobre 2020, la juridiction administrative suprême autorise la régularisation d'une autorisation d'urbanisme même si cette régularisation implique de revoir l'économie générale du projet en cause, dès lors que les règles d'urbanisme en vigueur à la date à laquelle le juge statue permettent une mesure de régularisation qui n'implique pas d'apporter à ce projet un bouleversement tel qu'il en changerait la nature même (le critère à retenir serait celui de la rupture du lien ou non avec le permis initial). (Avis du CE, 2 octobre 2020 n° 438318).

Chapitre 5

Les autorisations d'aménager et de démolir

Le permis d'aménager permet de rassembler sous une appellation générique toute une série d'autorisations d'urbanisme : autorisation de lotir, installations et travaux divers, aménagements de parcs résidentiels de loisirs et des terrains de camping. Le permis d'aménager, créé par l'article L. 421-2, a constitué la grande innovation de la réforme de l'ordonnance de 2005 qui a mis fin, notamment à l'ancienne autorisation de lotir. Les critères du champ d'application du permis d'aménager un lotissement ont été stabilisés depuis 2014 (art. R. 421-19).

1 Le permis d'aménager

■ *Le lotissement autorisé*

S'inscrivant dans la lignée de la jurisprudence *Cne de Pia* (*CE, 24 févr. 2016*), le juge du fond applique le principe en vertu duquel les lotissements ne peuvent être autorisés que si les constructions qu'il est prévu d'édifier sur les futurs lots sont susceptibles d'être autorisés. Selon cette jurisprudence, il appartient au service instructeur de refuser le permis d'aménager lorsque compte tenu de ses caractéristiques, un projet de lotissement permettant l'implantation de constructions dont la compatibilité avec les règles d'urbanisme ne pourra être ultérieurement assurée lors de la délivrance des permis de construire requis (*CAA Bordeaux, 27 sept. 2018*). Le périmètre d'un lotissement peut, sous certaines conditions, comporter des lots inconstructibles dès lors que cette inclusion est nécessaire à la cohérence d'ensemble de l'opération et que la réglementation qui leur est applicable est respectée (*CE, 30 janv. 2020, n° 419837*).

Toute division foncière constitutive de lotissement est soumise, soit à permis d'aménager, soit à déclaration préalable. La ligne de démarcation est fixée à l'article R. 421-19. Le lotissement soumis à permis d'aménager connaît un régime juridique beaucoup plus contraignant que le lotissement soumis à déclaration préalable, qu'il s'agisse de sa procédure de demande ou des effets contraignants de l'autorisation.

Deux types de lotissements sont soumis à permis d'aménager. Depuis le 1er avril 2017, l'article R. 421-19 a) du Code de l'urbanisme vise : d'une part, « ceux qui prévoient la création ou l'aménagement de voies, d'espaces ou d'équipements communs à plusieurs lots destinés à être bâtis et propres au lotissement » et d'autre part, « ceux situés dans un secteur sauvegardé, dans un site classé ou en instance de classement même en l'absence de réalisation de voirie, d'espaces ou équipements communs ».

La définition des équipements propres au lotissement (par opposition à la notion d'équipements publics) est issue de l'article L. 332-15. On entend alors par équipements propres ceux étant nécessaires à la viabilité et l'équipement de la construction ou du terrain, autrement dit l'ensemble des infrastructures (voirie, réseaux et canalisations), permettant aux différents lots d'être effectivement affectés à l'accueil de nouveaux bâtiments. L'arrêt de principe du Conseil d'État du 17 mai 2013, « *Sté Isère Développement Environnement* » opte pour une interprétation restrictive : un équipement propre à un lotissement s'entend comme celui qui ne dessert que ce seul lotissement et n'est utile qu'à lui seul. En revanche, les équipements publics correspondent aux autres équipements de raccordement aux réseaux publics, comme les ouvrages d'extension ou le renforcement des réseaux existants (*distinction opérée par l'arrêt de la CAA Douai, 28 mars 2019, n° 17DA01025*).

■ Le lotissement déclaré

L'article R. 421-23 du Code de l'urbanisme prévoit par ailleurs que « les lotissements qui ne sont pas soumis à la délivrance d'un permis d'aménager doivent faire l'objet d'une déclaration préalable ». Le champ d'application de la déclaration préalable se définit de manière négative par référence au permis d'aménager. Tout lotissement sans voies, espaces ou équipements communs, quel que soit le nombre de lots, sauf s'il se situe en site classé ou secteur sauvegardé relève du régime déclaratif. Le régime du lotissement soumis à déclaration préalable est moins strict que celui du permis d'aménager. Un service instructeur peut anticiper (et non pas « spéculer ») en s'opposant à un projet dès lors qu'il porte sur une simple division de terrain, et que, à ce stade, le dossier constitué ne prévoit l'implantation d'aucune construction dont la compatibilité avec les règles d'urbanisme serait susceptible d'être vérifiée (*CAA Marseille, 30 janv. 2020*).

■ Les autres types d'aménagement autorisés

En dehors des lotissements, entrent notamment dans le champ d'application du permis d'aménager, la création ou l'agrandissement d'un terrain de camping permettant l'accueil de plus de 20 personnes ou de plus de 6 tentes ou les résidences mobiles ou démontables (*CAA Versailles, 30 avr. 2014, n° 13VE02028, Cne de Montreuil*), la création ou l'agrandissement d'un parc résidentiel de loisirs ou encore l'aménagement d'un golf d'une superficie supérieure à 25 hectares, les remembrements réalisés par une AFU libre lorsqu'ils prévoient la réalisation de voies ou espaces communs ; les affouillements et exhaussements du sol dont la hauteur, s'il s'agit d'un exhaussement, ou la profondeur dans le cas d'un affouillement, excède deux mètres et qui portent sur une superficie supérieure ou égale à deux hectares (art. R. 421-19). Dans le périmètre des sites patrimoniaux remarquables et les abords des monuments historiques, certains travaux doivent être précédés de la délivrance d'un permis d'aménager (art. R. 421-20 et 21 : aménagement d'un parc d'attractions quelle que soit son importance, création d'une voie).

À noter, un permis d'aménager sera requis pour l'installation « d'au moins deux résidences démontables » créant une surface de plancher totale supérieure à 40 m² sur des terrains aménagés pour les recevoir (art. R. 421-19). En deçà, une simple déclaration préalable suffit (art. R. 421-23). L'objectif de la création d'un régime juridique des résidences démontables constituant un habitant permanent est d'harmoniser les conditions d'installations de ces logements sur la totalité du territoire français et d'éviter les disparités juridiques (D. n° 2015-482, 27 avr. 2015). Dans cette perspective, le code prévoit deux formalités lorsque la demande de permis porte sur l'aménagement d'un terrain en vue de l'installation de résidences démontables : il s'agit de joindre à la demande une attestation permettant de s'assurer du respect des règles d'hygiène et de sécurité, notamment de sécurité contre les incendies, ainsi que des conditions dans lesquelles sont satisfaits les besoins des occupants en eau, assainissement et électricité (art. R. 441-6-1). Ces conditions sont fixées, le cas échéant, par le PLU.

■ *Les autres types d'aménagements déclarés*

L'article R. 421-23 du Code de l'urbanisme définit ceux des travaux, installations et aménagements devant être déclarés. Sans être exhaustif, on mentionnera d'abord les divisions des propriétés foncières situées à l'intérieur de zones nécessitant une protection particulière en raison de la qualité des sites (art. L. 115-3), à l'exception des divisions opérées dans le cadre d'une opération d'aménagement autorisée. Les opérations liées aux loisirs viennent ensuite ; la mise à disposition de terrains de camping (entre 10 et 49 places), l'installation, pour une durée supérieure à 3 mois par an, d'une résidence mobile et démontable caravane autre qu'une résidence mobile. Concernant les gens du voyage, l'installation, pour une durée supérieure à 3 mois par an, d'une caravane autre qu'une résidence mobile nécessite une déclaration, de même que les aires d'accueil.

Peuvent être soumis à déclaration les coupes ou abattages d'arbres (art. L. 113-2), les travaux ayant pour effet de modifier ou de supprimer un élément que le PLU a identifié, comme présentant un intérêt patrimonial ou paysager (art. L. 151-19) ou un intérêt d'ordre culturel, historique, architectural ou écologique (art. L. 151-23), les travaux autres que ceux exécutés sur des constructions existantes ayant pour effet, dans une commune non couverte par un PLU, de modifier ou de supprimer un élément, qu'une délibération du conseil municipal, a identifié comme présentant un intérêt patrimonial ou paysager (art. L. 111-22).

2 Le permis de démolir

L'action en démolition de l'article L. 480-13 est encadrée strictement. D'abord, on déduit de l'article L. 480-13 qu'il n'est pas possible d'engager une action en démolition si l'on n'a pas attaqué le PC dans le délai de 2 mois. Ensuite, à la différence du PC ou du permis d'aménager, pour qu'une démolition soit ordonnée, il faut que la construction réalisée soit située dans l'une des zones visées par la loi « *Macron* » (art. L. 480-13) et considérée comme nécessitant une protection particulière. L'action en démolition au « *périmètre réduit* » limite fortement les possibilités offertes au juge judiciaire pour ordonner la démolition d'une construction (*Cass, 3e civ., 21 mars 2019, n° 18-13288*). Finalement, le permis de démolir est essentiellement destiné à empêcher la démolition de bâtiments protégés au titre du patrimoine urbain ou architectural. (C. urb., art. R. 421-28). Les démolitions en site inscrit requièrent un avis conforme de l'ABF (C. urb., art. R. 425-18 et R. 425- 30). L'exigence d'un tel permis est donc ciblée vers une protection d'enjeux environnementaux, architecturaux ou paysagers. Sur le reste du territoire, les conseils municipaux sont libres d'instituer un permis de démolir sur tout ou partie du territoire communal (art. L. 421-3 et R. 421-27). À la suite du renvoi d'une QPC par le Conseil d'État (*CE, 29 mai 2020, n° 436834*), le Conseil constitutionnel s'est prononcé sur la constitutionnalité de l'article L. 480-14 relative à l'action civile en démolition d'une construction irrégulière. Cette action civile des collectivités peut être engagée pendant une longue durée de 10 ans à la suite de l'achèvement des travaux. A la question de savoir si cette disposition portait une atteinte excessive au droit de propriété, le Conseil constitutionnel juge que les limitations apportées à l'exercice du droit de propriété sont justifiées par un motif d'intérêt général sous la réserve qu'elles ne soient pas interprétées comme autorisant la démolition d'un tel ouvrage lorsque le juge peut ordonner à la place, sa mise en conformité et que celle-ci est acceptée par le propriétaire, (*C. const., 31 juill. 2020, n° 2020-853 QPC*).

Lorsque le PC peut porter à la fois sur la démolition et sur la construction, il tient alors lieu de permis de démolir mais uniquement si le pétitionnaire a souhaité obtenir une telle autorisation (*CE, 30 déc. 2020, n° 434818*). L'article R. 451-1 décrit le contenu du dossier de demande de permis de démolir. Certaines démolitions sont dispensées de toute formalité (art. R. 421-29).

PARTIE 3 L'urbanisme opérationnel

Chapitre 6

Les droits de préemption

Avec l'urbanisme opérationnel, la collectivité est actrice d'une opération de production de terrains à bâtir. Pour ce faire, celle-ci est dotée de moyens d'intervention lui permettant notamment d'acquérir et de maîtriser le foncier. Le droit de préemption constitue l'un des modes d'acquisition du foncier parmi d'autres (acquisition amiable, expropriation, exercice du droit de délaissement).

Le foncier constitue, sans aucun doute la matière première de l'urbanisation. La préemption, sorte « d'expropriation douce », est une importante prérogative de puissance publique qui reconnaît la possibilité à une collectivité publique d'acquérir par priorité un bien qui lui est nécessaire pour mener sa politique d'aménagement. Le Code de l'urbanisme prévoit plusieurs droits de préemption.

1 Le droit de préemption urbain

■ *L'institution du DPU*

Introduit aux articles L. 211-1 et suivants du Code de l'urbanisme par la loi n° 85-729 relative à la définition et à la mise en œuvre de principes d'aménagement du 18 juillet 1985, le DPU permet à une personne physique ou morale de se substituer à l'acquéreur pressenti d'un bien que son propriétaire a mis en vente. Le DPU constitue un mécanisme souple, notamment par rapport à l'expropriation pour cause d'utilité publique, puisqu'il ne peut s'exercer que si le propriétaire veut se dessaisir de son bien. Il peut être mis en œuvre à des fins diverses et vise à permettre à une collectivité publique de réaliser une opération d'intérêt général avec le bien sûr lequel elle exerce ce droit.

a) Compétence en matière de DPU

Par principe, les communes dotées d'un PLU approuvé peuvent, par délibération, instituer un DPU (art. L. 211-1). Lorsque la commune fait partie d'un EPCI y ayant vocation, elle peut, en accord avec cet établissement, lui déléguer tout ou partie des compétences qui lui sont attribuées (art.

L. 211-2). La loi *ALUR* a simplifié les conditions de substitution de plein droit des intercommunalités aux communes en matière de droit de préemption. Un seul critère est désormais exigé : la compétence de plein droit en matière de PLU. Dès lors que le transfert de la compétence PLUi est effectif, la seule compétence en matière de PLUi suffit à conférer le DPU. On en déduit que les EPCI à fiscalité propre (tous les EPCI sauf les syndicats de communes à vocation unique ou multiple) deviennent compétents de plein droit pour mettre en œuvre le DPU (art. L. 211-2, y compris Métropoles de Lyon et Grand Paris). Les titulaires du DPU peuvent en déléguer l'exercice aux organismes intervenant dans le domaine du logement social (SEM agréée, OPHLM...) (art. L. 211-2, al. 2).

Des délégations au profit de l'exécutif local sont possibles pour des raisons de délai. D'abord, le président de l'EPCI peut, par délégation de son organe délibérant, être chargé d'exercer au nom de sa collectivité les droits de préemption ainsi que le droit de priorité dont celui-ci est titulaire ou délégataire (CGCT, art. L. 5211-9). Il peut également déléguer l'exercice de ces droits (par ex. à un EPF de l'État, art. L. 321-1 – *CE, 25 juin 2018, n° 411527*) à l'occasion de l'aliénation d'un bien, dans les conditions que fixe l'organe délibérant de l'établissement.

De la même façon, le maire peut, par délégation du conseil municipal, être chargé en tout ou partie, et pour la durée de son mandat, d'exercer au nom de la commune, les droits de préemption définis par le Code de l'urbanisme (art. L. 2122-22, 15°) ou spécifiquement le droit de préemption commercial (art. L. 2122-22, 21°), que la commune en soit titulaire ou délégataire, de déléguer l'exercice de ces droits à l'occasion de l'aliénation d'un bien (art. L. 211-2 ou L. 213-3, al. 1) dans les conditions que fixe le conseil municipal (CGCT, art. L. 2122-22). Concernant le contenu de la délégation, le conseil municipal qui délègue au maire le pouvoir d'exercer au nom de la commune le DPU, n'est pas tenu de fixer des conditions particulières à cette délégation (*CE, 2 mars 2011, n° 315880*). Elle peut être limitée par le conseil municipal, soit géographiquement, soit financièrement, soit selon d'autres critères décidés par le conseil municipal. Le Conseil d'État écarte le moyen tiré de l'incompétence du maire pour exercer le droit de préemption même si le conseil municipal lui avait délégué le pouvoir de préempter au nom de la commune avant même que la commune ne dispose elle-même de cette compétence en matière de DPU (*CE, 28 janv. 2021, Sociétés Matimo, req. n° 429584*).

Contexte oblige, le législateur a introduit différentes mesures destinées à rendre plus opérationnel l'exercice du DPU par le préfet et lui permettre de « prendre la main » sur les communes déficitaires en logements sociaux, dites « communes carencées » (art. L. 210-1, 2° et L. 211-1, 3°). L'exercice du DPU par l'État est à considérer comme un outil parmi une palette de dispositifs plus large pour « faire plier » les communes récalcitrantes. Afin d'accroître les gisements fonciers préemptables, le préfet peut également se substituer à la commune pour instaurer ou rétablir le droit de préemption renforcé, qui permet de préempter des biens normalement exclus du DPU (art. L. 211-4). La loi *LEC* de 2017 avait, il y a peu, étendu le DPU renforcé du préfet au profit des opérations de requalification des quartiers anciens dégradés (CCH, art. L. 304-1), tout en allongeant la liste des délégataires possibles auxquels le préfet peut confier sa prérogative de puissance publique (art. L. 210-1, al 2 : métropoles ; art. L. 324-1 : EPF national ou local ; SEM « agréées » conférant le « label » d'organisme de logement social). Par ailleurs, le risque d'inertie des communes est anticipé par le législateur par une disposition contraignante. Pour éviter que les communes ne tardent à transmettre la DIA à la préfecture et n'empêchent le préfet de respecter le délai pour exercer le droit de préemption, les communes se voient imposer un délai de 7 jours à compter de sa réception en mairie pour transmettre la DIA au préfet (art. L. 213-2, al. 3).

b) Conditions d'institution du DPU

La mise en place du DPU est facultative, et non de plein droit, mais environ 80 % des communes dotées d'un document d'urbanisme opposable l'ont institué sur des périmètres toujours plus grands qui confinent aux limites communales (92 % des zones U et AU). Paradoxe, en pratique, le nombre de transactions faisant l'objet d'une décision de préemption est très faible (0,6 % de DIA préemptées). Ce décalage montre que ce droit est aussi utilisé par les collectivités comme observatoire foncier (via la réception de la DIA), dans un contexte de relative opacité du marché.

L'institution du DPU est effectuée par délibération du conseil de l'EPCI ou du conseil municipal, laquelle est ensuite transmise au préfet. La délibération fait l'objet de mesures de publicité (affichage en mairie un mois, insertion d'une mention dans deux journaux diffusés dans le département). Elle donne lieu à des mesures d'information professionnelle du monde juridique (Chambre départementale des notaires, Conseil supérieur du notariat, barreau des avocats, direction départementale des services fiscaux). Dans le même train de mesures de simplification, il est prévu que d'ici les prochains mois, le maire ou le président de l'EPCI ne transmettront plus au conseil supérieur du notariat une copie des actes ayant pour effet d'instituer ou de supprimer le droit de préemption urbain ou d'en modifier le champ d'application.

La transformation d'un POS en PLU n'entraîne pas la caducité de la délibération instituant le DPU (*Cass. 3e civ., 20 mars 2013, EPA de Marne-la-Vallée*). Du reste, l'article L. 211-1 permet la survie du DPU dans les communes originellement couvertes par un POS devenu caduc et désormais soumises au RNU (art. L. 211-1). Par son arrêt du 10 mai 2017, le Conseil d'État a clarifié les modalités de contestation du droit de préemption en jugeant que l'acte instituant le DPU ne constitue pas un acte réglementaire et ne forme pas une opération complexe avec les décisions individuelles de préemption. Dès lors, l'illégalité de l'acte instituant le DPU ne peut plus être soulevée dès lors que celui-ci se borne à délimiter le périmètre du DPU, et qu'il est devenu définitif. Cette jurisprudence, on l'aura compris, protège les autorités préemptrices puisqu'elle limite les griefs pouvant être soulevés à l'occasion des recours contre les décisions individuelles de préemption. (*CE, 10 mai 2017, Sté ABH Investissements*).

c) Champ d'application territorial

Le DPU n'est ouvert qu'aux communes dotées d'un document d'urbanisme, PLU ou d'une carte communale. Pour autant, on vient de le voir, il est toutefois maintenu en cas de POS devenu caduc (L. *ÉLAN*, art. L. 211-1). Les décisions de préemption peuvent porter sur des périmètres largement définis, puisque toutes les zones U et AU des PLU des communes sont susceptibles d'être concernées par ce droit, à condition qu'elles ne soient pas couvertes par une ZAD. La commune dotée d'une simple carte communale peut instituer le DPU « dans un ou plusieurs périmètres délimités par la carte ». Le DPU peut porter sur d'autres périmètres : les périmètres de protection rapprochée de prélèvement d'eau (CSP, art. L. 1321-2), les périmètres définis par un plan de prévention des risques technologiques (C. envir., art. L. 515-16), les zones de l'article L. 211 -12 du même code, ainsi que sur tout ou partie de leur territoire couvert par un PSMV (art. L. 313-1) lorsqu'il n'a pas été créé de ZAD ou de périmètre provisoire de ZAD sur ces territoires. La préemption partielle est autorisée mais dans des conditions strictes. L'article L. 213-2-1 permet au titulaire du droit de préemption de n'exercer son droit de préemption que sur une fraction d'une unité foncière. La préemption partielle doit être justifiée (motivation particulière) par la réalisation d'une opération d'aménagement. En outre, l'unité foncière doit se situer « à cheval » sur une zone de préemption sachant que l'exercice de ce droit demeure toujours exclu sur la partie de l'unité foncière non comprise dans la zone de préemption (*CE, 21 mai 2008, Sté EPM*) ainsi qu'en cas de vente forcée (*CE, 7 avr. 2010, Cne de Lescun*). On en déduit que la préemption partielle est impossible lorsque la totalité de l'unité foncière est englobée à l'intérieur d'une même zone de préemption. Autre spécificité, le propriétaire conserve la possibilité d'exiger que le titulaire du droit se porte acquéreur de la totalité du bien mis en vente. Il s'agit là d'une disposition inspirée de la « réquisition d'emprise totale » issue du droit de l'expropriation. En revanche, si le propriétaire accepte l'acquisition d'une partie seulement du bien mis en vente, le prix fixé par le juge de l'expropriation tient compte de l'éventuelle dépréciation de la partie restante (art. L. 213-4). Une fois institué dans une zone, le DPU peut être exercé sans limitation de durée et les communes ont toute liberté pour en réduire, par la suite, le champ d'application, le supprimer ou le rétablir ultérieurement.

d) Les buts du DPU

L'article L. 210-1 précise que le droit de préemption doit être exercé en vue de la réalisation, dans l'intérêt général, des actions ou opérations répondant aux objets définis à l'article L. 300-1. Il s'agit de « mettre en œuvre un projet urbain, une politique de l'habitat, organiser le maintien, l'extension ou l'accueil des activités économiques, favoriser le développement des loisirs et du tourisme, réaliser des équipements collectifs, lutter contre l'insalubrité, permettre le renouvellement urbain, sauvegarder ou mettre en valeur le patrimoine bâti ou non bâti et les espaces naturels (ou pour constituer des réserves foncières) ». Toute décision de préempter doit mentionner l'objet pour lequel ce droit est exercé, objet qui doit entrer dans le champ d'application de l'article L. 300-1. Il va de soi que construire 35 logements sociaux est un programme justifiant une préemption (*CE, 2 nov. 2015, n° 374957*). Une commune peut préempter en vue de la construction de logements sociaux même si c'est à l'OPH de mener le projet à bien (*CE, 19 déc. 2019, n° 420227*). Désormais, par dérogation à l'article L. 210-1, al. 1er introduit par la loi *ÉLAN*, le DPU peut être exercé en vue de la relocalisation d'activités industrielles, commerciales ou artisanales ainsi que pour le relogement d'occupants définitivement évincés à la suite de travaux en vue de la réalisation d'une opération d'aménagement. La date de la motivation de la préemption correspond à la date de la décision de la commune et non à la date où la commune a pris connaissance de la DIA.

En cas d'utilisation ou d'aliénation du bien à d'autres fins dans un délai de 5 ans, un droit de rétrocession s'applique en faveur des anciens propriétaires (art. R. 211-8 et R. 215-19). La rétrocession est une garantie accordée aux propriétaires faisant l'objet d'une procédure d'acquisition par voie de préemption (ou d'expropriation). Cette garantie leur donne le droit d'obtenir la restitution de leur bien si celui-ci n'est pas affecté au but qui justifie leur dépossession (*Cons. const., 15 févr. 2013, n° 2012-292 QPC*).

L'examen des pratiques locales révèle parfois que le DPU peut être utilisé dans le but unique de bloquer une mutation. Tel est le cas lorsque des élus exercent un contrôle sur l'identité et l'origine des personnes projetant d'acquérir un bien sûr le territoire communal, en favorisant l'accueil sélectif de nouveaux habitants, alors que la consonance du nom des acquéreurs laissait supposer leur origine étrangère (*Cass. crim., 17 juin 2008, n° 01 81666*), ou leur appartenance à la communauté des gens du voyage. Dans certains cas, le DPU est un bon outil pour saisir des opportunités immobilières, transformant parfois la commune en « marchand de bien ». Un prix très bas est susceptible de déclencher une procédure de préemption.

Le juge opère à la fois un contrôle des motifs et de la motivation des décisions de préemption, laquelle doit être la plus complète possible. D'une part, le contrôle des motifs permet au juge de vérifier que le projet correspond effectivement à une action ou à une opération d'aménagement au sens de l'article L. 300-1. Depuis quelques années, la volonté du juge tend à réduire le contentieux. Il a été jugé qu'une décision de préemption est légale même si aucune mesure d'urbanisation n'a été envisagée. Compte tenu des éléments de l'espèce, le juge a considéré que l'exercice de ce droit permettait à l'entreprise concernée de développer son activité au sens de l'article L. 300-1 (*CE, 6 févr. 2006, Cne de Lamotte-Beuvron*). En outre, le Conseil d'État abandonne l'exigence d'un projet précis et lui substitue celle d'un projet réel (*CE, 7 mars 2008, Cne de Meung-sur-Loire*). Toutefois, affinant sa technique de contrôle, dans l'arrêt du 6 juin 2012, la haute juridiction précise que la mise en œuvre du droit de préemption doit répondre au nouveau standard de « *l'intérêt général suffisant* » (*CE, 6 juin 2012, Sté RD Machines outils*). Est jugé compatible avec l'exigence d'intérêt général suffisant, une disproportion entre la superficie préemptée et la surface nécessaire au projet notamment parce que « le surplus du terrain était susceptible d'être utilisé pour des aménagements d'intérêt public » (*CE, 28 janv. 2021, req. n° 429584*). La commune n'a pas à prouver qu'elle est dans l'impossibilité de réaliser son projet d'aménagement sans exercer son droit de préemption, mais seulement que celui-ci répond à un intérêt général suffisant (*CE, 13 mars 2019, n° 419259*).

D'autre part, l'obligation de la motivation revêt le caractère d'une formalité substantielle dont la méconnaissance entache d'illégalité la décision. Le contrôle de la motivation impose en principe que toute décision mentionne l'objet pour lequel ce droit est exercé (art. L. 210-1). Le champ d'application du DPU a été étendu de façon caractérisée ces dernières années, ce qui tend à faire sortir ce droit de sa vocation purement immobilière. On note une « démultiplication des usages du droit de préemption » (Code annoté Dalloz), La philosophie du DPU change, enrôlant celui-ci dans des fonctions très différentes de celles qui lui ont été assignées originellement. Ainsi, la préemption est désormais utilisée dans le cadre de la politique du logement social, de la politique de prévention des risques, faisant du DPU un outil de police administrative fort utile pour la gestion des eaux en territoires ruraux (C. envir., art. L. 515-16). Parfois, la préemption devient un outil micro-urbain de lutte contre la précarité sociale lorsqu'il est utilisé pour assurer le maintien dans les lieux des locataires lors des « ventes à la découpe » (art. L. 210-2). Il a vocation aussi à maintenir la diversité urbaine quand il est utilisé pour acquérir des fonds de commerce en vue de préserver la diversité commerciale des centres urbains (art. L. 214-1 et s.).

Sont jugées insuffisantes les motivations stéréotypées ou trop générales. Toutefois, le contentieux du droit de préemption ayant connu ces dernières années une croissance exponentielle, la tendance est aujourd'hui à l'assouplissement. Ainsi, les collectivités peuvent motiver leurs décisions de préempter par simple référence aux dispositions d'un PLH (document encadrant la politique de l'habitat pour produire davantage de logements) dont elles assurent la mise en œuvre (art. L. 210-1, al. 3). C'est le sens de l'arrêt *Ville de Paris*, dans lequel le Conseil d'État rappelle que la motivation par référence reste une possibilité et non une obligation dès lors que la décision de préemption répond à l'objet défini par l'article L. 210-1 (*CE, 30 janv. 2008, Ville de Paris*). Du reste, le Conseil d'État a refusé de transmettre une QPC visant l'article L. 210-1 en jugeant que les conditions de motivation de certaines décisions de préemption par référence ne sont pas susceptibles de porter atteinte au droit de propriété (*CE, 8 févr. 2012, M. Soppelsa*). Les décisions d'annulation de préemption pour motivation insuffisante sont très nombreuses (*CE, 23 mars 1994, Cne d'Aubervilliers ; CE, 27 avr. 1994, Cne d'Argenteuil*).

Opérations soumises au DPU

Deux critères cumulatifs sont pris en compte : d'une part, l'opération doit porter sur un bien assujetti au droit de préemption, d'autre part, elle doit être ensuite réalisée sous la forme d'une mutation entrant également dans son champ d'application. On rappellera que, la préemption peut porter aussi bien sur l'aliénation volontaire qu'involontaire du bien faisant entrer dans son champ d'application les adjudications forcées sur saisies immobilières, et les liquidations judiciaires des biens d'une personne physique ou morale. La loi *ALUR* du 24 mars 2014 a élargi de façon très importante le champ d'application du DPU. Ce qui échappe est de plus en plus restreint.

a) Les biens soumis au DPU

1) Les biens préemptables

La préemption s'applique en principe à tout ***immeuble ou partie d'immeuble, bâti ou non bâti*** : terrains nus, bâtiments individuels, bâtiments collectifs appartenant à un seul propriétaire, lots d'un immeuble collectif soumis au régime de la « copropriété verticale » (immeubles à étages). Sont aussi concernées les ***cessions de droits sociaux*** donnant vocation à l'attribution en propriété ou en jouissance d'un immeuble ou d'une partie d'immeuble, bâti ou non bâti, lorsqu'ils sont aliénés, à titre onéreux, sous quelque forme que ce soit, à l'exception de ceux qui sont compris dans un plan de cession arrêté. Il s'agit de cessions de parts ou d'actions des sociétés d'attribution qui donnent vocation à leurs associés à recevoir des fractions divises d'immeubles bâtis. Toutefois, la préemption ne sera pas applicable lorsque la cession de droits sociaux intervient avant l'achèvement de l'immeuble ou dans une période de 10 ans suivant son édification (art. L. 213-1 c). L'exclusion est vaste car elle vise toutes les parts et actions de sociétés avant achèvement de l'immeuble et 10 ans après et concerne aussi bien la copropriété verticale qu'horizontale (collectif et pavillonnaire), sachant que l'usage n'est pas précisé.

Sont également soumises au droit de préemption, les ***cessions de droits indivis*** portant sur un immeuble ou sur une partie d'immeuble, bâti ou non bâti, à l'exception des cessions consenties à l'un des coïndivisaires ainsi que les cessions de tantièmes contre remise de locaux à construire. La préemption s'applique lors de la ***cession de la majorité des parts de SCI***. Ces cessions figurent désormais dans le champ du DPU simple (art. L. 213-1, 3°) et non plus en droit de préemption renforcé (supprimé à l'art. L. 211-4 par loi *ALUR*). Les cessions effectuées par les SCI constituées exclusivement entre parents et alliés jusqu'au 4e degré inclus sont toutefois exclues. Le législateur de 2014 a élargi les cas dans lesquelles ce droit peut être mis en œuvre. À la cession de la majorité des parts, sont ajoutées ***les cessions conduisant un acquéreur à détenir la majorité des parts de ladite société*** afin d'éviter les cessions perlées qui conduisent l'acquéreur à devenir majoritaire.

L'article L. 213-1-2, créé par la loi n° 2014-366 du 24 mars 2014, soumet au DPU les apports d'immeubles ou ensemble de droits sociaux des sociétés d'attribution à une SCI, ce qui peut paraître surprenant, compte tenu du fait que les apports en société entrent déjà dans le champ d'application du DPU. Il faut y voir sans doute le souci du législateur de compléter l'encadrement des SCI amorcé par l'article L. 213-1 dans le but d'éviter tout montage frauduleux au regard de l'application du droit de préemption.

On retiendra aussi que la loi *ALUR*, contrairement à l'ancienne règle, permet désormais de préempter ***tous les immeubles cédés par des organismes HLM***. Néanmoins, les cessions d'immeubles appartenant aux organismes HLM (art. L. 213-1) ne s'exercent que « sous réserve des droits des locataires » (définis au CCH, art. L. 443-11). La combinaison des articles L. 213-1 et L. 443-11 exclut la préemption lorsque l'organisme vend un immeuble occupé à son locataire ou à un ascendant ou descendant de ce locataire à la demande de ce dernier, ou quand le logement est vacant mais qu'un locataire du parc souhaite acquérir le bien. En pratique, le droit de priorité des locataires doit être purgé au préalable, puis, à défaut d'être exercé, il convient de purger la préemption d'urbanisme.

2) Les exclusions par nature

Sont exclus, par nature, les biens meubles, les droits mobiliers (droits au bail, droits sociaux ne donnant pas vocation à l'attribution en jouissance ou en propriété de fractions divises de l'immeuble social), les droits réels immobiliers dès lors qu'ils ne comprennent pas de promesse de vente (*baux emphytéotiques, v. Cass. 3e civ., 11 mai 2000 : BDU 2/ 2000, p. 115, ou usufruit*), ainsi que les transferts en jouissance (constitution d'une servitude ou d'usufruit). Toutefois, ce premier régime d'exclusion connaît des exceptions. L'article L. 214-1 permet, en effet, aux communes qui le souhaitent d'exercer leur DPU lors de la cession de fonds artisanaux, de fonds de commerce ou de baux commerciaux.

3) Les exclusions légales

Il faut ajouter les exclusions légales de l'article L. 213-1. On relèvera celles qui concernent les immeubles construits par les sociétés coopératives d'habitations à loyer modéré de location- attribution ; les biens compris dans un plan de cession d'entreprises en difficultés (pour ne pas mettre en péril un ensemble économique et l'emploi qui lui est lié) ; les immeubles faisant l'objet d'un contrat de vente d'immeuble à construire (vente à terme ; C. civ., art. 1601-1), les parts ou actions de sociétés d'attribution qui font l'objet d'une cession avant l'achèvement de l'immeuble ou pendant une période de dix ans à compter de son achèvement ; les biens immobiliers professionnels faisant l'objet d'un crédit-bail immobilier, les immeubles faisant l'objet d'une mise en demeure d'acquérir (MEDA) en application des articles L. 152-2, L. 311-2 ou L. 424-1 ou des articles L. 241-1 et L. 241-2 du Code de l'expropriation. Afin de ne pas entraver la cession des terrains nécessaires à la réalisation des opérations d'intérêt national pour le logement, les aliénations de biens et droits immobiliers par l'État, ses EP ou des sociétés dont il détient la majorité du capital, en vue de la réalisation de logements ne sont pas davantage soumis au droit de préemption (en application de l'art. L. 132-1).

4) Le DPU « renforcé »

Les biens énumérés à l'article L. 211-4 ne peuvent pas être préemptés sauf si la commune décide d'instituer, par délibération motivée, ***un DPU « renforcé »***. C'est une décision que prend la commune quand elle entend disposer d'une maîtrise foncière plus complète (champ d'application du secteur à statut renforcé). Normalement de la compétence de la commune, le préfet peut aussi décider de recourir au DPU renforcé dans une commune « carencée » (art. L. 210-1). La loi n° 2017-86, 27 janvier 2017 a étendu les pouvoirs du préfet qui, on le rappelle, peut se substituer aux communes en situation de carence en logements sociaux et mettre en place un droit de préemption renforcé si nécessaire portant sur les quartiers anciens dégradés (CCH, art. L. 304-1). La mise en œuvre du DPU renforcé implique la suppression de la totalité des exceptions prévues par l'article L. 211-4.

Le régime d'exclusion du DPU est le suivant :

– le DPU est exclu lors de l'aliénation de lots de copropriété horizontale (ou « pavillonnaire » composée d'un ensemble de maisons individuelles ou de lots sur un même terrain) lorsque la copropriété ou de l'état descriptif de division dans laquelle est situé ce bien a été créée depuis plus de dix ans. Par conséquent, 10 ans après la publication du seul état descriptif de division au service de la publicité foncière, le droit de préemption de la collectivité territoriale disparaît même si l'immeuble ne disposait pas d'un règlement de copropriété (*Cass. 3e civ., 24 mar 2016,, n° 15-10215*). Ensuite, les biens doivent remplir deux autres conditions cumulatives :
  - d'abord, l'aliénation doit porter sur « un ou plusieurs lots constitués par un seul local à usage d'habitation, à usage professionnel ou à usage mixte, soit par un tel local et ses locaux accessoires (garages, caves, places de stationnement), soit par un ou plusieurs locaux accessoires d'un tel local (en cas de vente séparée) compris dans un bâtiment »,
  - une seconde condition est posée pour que les biens soient protégés de la préemption. En effet, les biens « doivent être soumis, à la date du projet d'aliénation, au régime de la copropriété, soit à la suite du partage d'une société d'attribution, soit depuis plus de 10 ans si la

copropriété ne résulte pas d'un tel partage ». La date de publication du règlement de copropriété au bureau des hypothèques constitue le point de départ du délai ;

- le DPU ne s'applique pas davantage « lors de la cession de parts ou d'actions de sociétés visées par la loi n° 71-579 du 16 juillet 1971 et donnant vocation à l'attribution d'un local d'habitation, d'un local professionnel ou d'un local mixte et des locaux qui lui sont accessoires » ; cette exclusion concerne les sociétés d'attribution déjà évoquées à l'article L. 213-1 au titre des exclusions légales. Mais il ne s'agit pas d'une répétition du législateur. Les cessions de L. 211-4 donnent lieu à attribution d'un local à usage d'habitation, professionnel ou mixte (certains usages seulement) ; de plus, dans cet article, seule la copropriété verticale est visée (copropriété en hauteur, plus précisément d'un immeuble réparti en plusieurs étages composé d'appartements). En revanche, l'application est plus large dans le temps (pas de délai de 10 ans). En réalité, ce dispositif complète celui de l'article L. 213-1. Chronologiquement, la commune peut utiliser d'abord l'article L. 213-1 c), puis au bout de 10 ans, faire application de l'article L. 211-4, sachant que finalement, ce qui échappe au droit de préemption est restreint... ;
- l'exclusion s'applique également aux immeubles nouvellement bâtis. La loi *ALUR* n° 2014-366 du 24 mars 2014 est venue modifier de manière importante le régime d'exclusion du DPU puisque le « délai de grâce » au cours duquel un immeuble neuf peut échapper à la préemption est considérablement réduit, passant de 10 à 4 ans à compter de son achèvement. L'aliénation d'un immeuble bâti, pendant une période de quatre ans à compter de son achèvement (signature de la DAACT) ne peut être préemptée, sauf exercice du DPU renforcé.

5) Les exclusions par décision expresse de la commune

La commune peut choisir, par décision expresse, de soustraire du champ d'application du DPU pendant 5 ans les lotissements et la ZAC à l'occasion de la vente de lots ou de la cession de terrains (art. L. 211-1, dernier alinéa). Par cette disposition, la loi permet de préserver une stabilité des sols pour ce type d'opération d'aménagement pendant une durée limitée à 5 années.

b) Les mutations soumises au DPU

1) Les aliénations « à titre onéreux, sous quelque forme que ce soit »

L'aliénation doit présenter un caractère « à titre onéreux, sous quelque forme que ce soit ». Depuis la loi *SRU*, le droit de préemption peut porter non seulement sur des aliénations volontaires mais aussi sur des aliénations non volontaires. Cette modification offre donc la faculté aux autorités administratives compétentes d'exercer leur droit de préemption à l'occasion d'adjudications. Dans l'immense majorité des cas, la préemption vise les ventes amiables, quelles que soient les modalités de paiement du prix (somme d'argent, rente viagère, dation, échange même si la vente est consentie moyennant certaines charges : lorsque le propriétaire du bien se réserve la faculté de le racheter selon la technique de la vente a réméré de l'art. 1659 du C. civ.).

Sont concernées dans 90 % des cas, les ventes de gré à gré dites amiables, plus rarement, les apports en société d'un immeuble, les contrats de location-accession, les licitations, les adjudications volontaires ou ventes volontaires aux enchères publiques, les adjudications rendues obligatoires par la loi ou le règlement.

2) Les donations « entre vifs »

Selon l'ancien article L. 213-1, les cessions à titre gratuit échappaient aux droits de préemption. Ainsi, les donations se faisaient en franchise de droit de préemption (comme les successions, et les partages de biens qui ne sont pas des aliénations au sens civil du mot). Mais, dans le souci d'éviter les donations fictives, la loi *ALUR*, suivie de la loi *Macron* ont inversé la logique (art. L. 213-1-1). Cependant, toutes les cessions gratuites ne sont pas visées. Initialement, une première disposition soumettait au DPU, « les aliénations à titre gratuit ». Or, la rédaction de la loi *ALUR* était malheureuse, puisqu'elle faisait entrer les successions dans le champ de la préemption, d'où la correction apportée en 2015, substituant l'expression « donations entre vifs » par la loi *Macron* du 6 août 2015. L'article L. 213-1-1, (rectif. par loi *Macron*), prévoit que les immeubles ou ensembles de droits sociaux (mentionnés à l'article L. 213-1) sont preemptables lorsqu'ils font l'objet d'une « *donation entre vifs* » (ce qui exclut les mutations à cause de mort). Le texte fait toutefois une exception pour les cessions gratuites au sein du cercle familial largement entendu : jusqu'au 6e degré (au-delà du 6e degré, la donation redevient preemptable).

Cependant, la liste des donations exclues du DPU était encore incomplète, oubliant celles faites au profit des « fondations, congrégations et associations ». L'ordonnance du 23 juillet 2015 avait comblé cet oubli. Toutefois, l'exclusion fut de courte durée. La loi *Macron* réécrivant l'article L. 213-1-1 a, en effet, oublié de reprendre cette nouvelle exclusion, ce qu'avait pourtant corrigé la loi *Égalité et Citoyenneté* du 27 janvier 2017. Hélas, le Conseil constitutionnel a déclaré cet article contraire à la Constitution (*Cons. const., 26 janv. 2017, n° 2016-745 DC*). Le législateur, tel Sisyphe, devra donc se prononcer à nouveau sur cette exclusion !

3) Les exclusions

En revanche sont exclues les mutations liées à une procédure d'expropriation, les partages, les fusions ou scissions de sociétés. Concernant les ventes forcées (art. L. 213-1), les biens du débiteur entrent en principe dans le champ du DPU. Toutefois, le code atténue la rigueur du principe en excluant les cas de cession d'actifs d'une entreprise faisant l'objet d'un plan de redressement ou liquidation judiciaire (les biens compris dans un plan de cession d'entreprise décidé dans le cadre de la procédure de redressement judiciaire prévue par le Code de commerce, et d'autre part les biens compris dans une unité de production cédée globalement dans le cadre de la procédure de liquidation judiciaire prévue par le même code). Il est ainsi tenu compte des intérêts des entreprises en difficulté et de leurs salariés.

c) L'exercice du DPU

Toutes les aliénations qui entrent dans le champ d'application du droit de préemption ne donnent pas lieu à l'exercice effectif de ce droit. En réalité le taux de recours à la préemption est faible se situant, en moyenne nationale autour de 1 % du volume des transactions totales. Mais, pour qu'une de ces aliénations puisse légalement intervenir, il faut qu'elle soit, au préalable, « purgée » du droit de préemption qui affecte le bien concerné. La purge connaît plusieurs étapes.

1) La déclaration d'intention d'aliéner

La déclaration d'intention d'aliéner (DIA) est une formalité imposée au propriétaire qui souhaite céder des biens situés dans des zones où peut s'exercer un droit de préemption (art. L. 213-2). Elle prend la forme d'un formulaire adressé à la commune afin que la collectivité puisse décider si elle exerce son droit de préemption (*Rép. min. Cohésion des territoires, JO Sénat 11 juill. 2019, p. 3709*). Celle-ci est obligatoire dès que l'immeuble est situé dans un périmètre de DPU. Si la vente s'effectuait sans DIA, l'administration aurait la possibilité de réclamer la nullité de la vente dans les 5 ans auprès du TGI du lieu de l'immeuble. La DIA est établie dans les formes prescrites par arrêté ministériel. Elle comporte obligatoirement des éléments précis. Le propriétaire qui souhaite vendre remplit un formulaire dans lequel il précise son identité, la situation du bien, désignation, usage, modalités de cession, prix, et la commission d'agence. En effet, la commune qui exerce son DPU sera tenue au paiement de la rémunération due à l'agent immobilier auquel s'était engagé l'acquéreur pressenti, cette obligation ne s'imposant que si cette rémunération est mentionnée dans l'engagement entre le vendeur et l'acquéreur pressenti et dans la DIA (*Cass. 3e civ., 12 mai 2021, n° 19-25226*). S'il s'agit d'une aliénation sous forme de vente de gré à gré sans contrepartie en nature (le plus courant), la DIA mentionne le prix et les modalités de paiement et l'existence de pollution éventuelle sur la propriété en vente et si possible les dangers ou inconvénients qui peuvent en résulter (C. envir., art. L. 540-20).

S'il s'agit d'une aliénation sous une autre forme (échange, apports en société, location-accession), la DIA indique la valeur estimée du bien aliéné ou sa mise à prix (adjudication) (art. R. 213-5). S'agissant d'une aliénation à titre gratuit (art. L. 213-1-1), la DIA ne comprend pas de prix. Le droit de préemption devra s'exercer au prix estimé par la DNID (Direction nationale des interventions domaniales) (obligation de consultation). Celui qui aliène peut toutefois refuser la proposition (art. R. 213-10), le titulaire du droit de préemption n'ayant ici qu'une faculté d'empêcher. Cette DIA est signée soit par le propriétaire vendeur, soit par le mandataire, souvent le notaire.

En cas de contentieux, le Conseil d'État considère que dès lors que le notaire a signé, c'est qu'il avait reçu mandat (mais la Cour de cassation est plus formaliste).

Une irrégularité se rapportant dans ces éléments affecte la validité de la DIA. Le Conseil d'État a tranché la question des effets d'une DIA, incomplète ou erronée, sur la légalité de la décision de préemption. Dans une décision très commentée, le Conseil d'État a affirmé que les erreurs, même substantielles, entachant une DIA ne sauraient – sauf fraude – rejaillir sur la légalité de la décision de préemption prise à la suite de cette déclaration (*CE, 12 févr. 2014, Sté Ham Investissement/Cne de Cergy, n° 361741*).

La DIA est adressée à la mairie de la commune où se trouve situé le bien, quel que soit le titulaire (en DPU et DPZAD) par pli recommandé (en 4 exemplaires) avec demande d'avis de réception postal, déposée contre décharge, ou adressée par voie électronique (un seul exemplaire ; art. R. 213-5). Une fois envoyée ou déposée à la mairie, elle est ensuite transmise par le maire au directeur départemental (ou régional) des finances publiques en lui précisant si cette transmission vaut demande d'avis (avis obligatoire de la DNID dès que le prix dépasse 180 000 euros (CGPP, art. R. 1211-1 et s. ; CGCT, art. L. 1311-9 et s.). Le maire transmet également copie de la déclaration au délégataire éventuel du droit de préemption lorsque le titulaire de ce droit est la commune. Dans les autres cas, il transmet copie de la déclaration au titulaire du droit de préemption, à charge pour ce dernier de la transmettre à son tour à l'éventuel délégataire (art. R. 213-6).

2) La décision du titulaire du droit de préemption

Lorsque la DIA est régulière, elle fait courir le délai fixé au bénéficiaire du DPU pour notifier sa réponse. L'article L. 213-2 fixe au titulaire du DPU un délai de 2 mois pour se décider (*CE, 17 juill. 2008, EP Landes Foncier*). Ce délai est impératif car il constitue, selon le Conseil d'État « une garantie pour les particuliers désirant aliéner un bien soumis au droit de préemption » (*CE, 16 juin 1993, Cne d'Étampes*). Le Conseil d'État a précisé dans son arrêt du 10 mai 2017, les conditions de notification de la décision de préemption au propriétaire. Celle-ci peut être effectuée par lettre recommandée avec demande d'avis de réception ou par voie d'huissier. En cas de lettre recommandée, la réception intervient à la date à laquelle le pli est présenté pour la première fois à l'adresse indiquée par la DIA. En cas de signification par voie d'huissier, celle-ci doit être réputée effective dans les conditions prévues par l'article 656 du Code de procédure civile (*CE, 10 mai 2017, n° 398736, Sté ABH Investissements*). En cas de décharge de la DIA en mairie, le délai court à compter de la décharge de la pièce en mairie (en application de l'art. R. 213-5). Le délai imparti à l'administration trouve son terme à la date à laquelle le propriétaire reçoit notification de la décision administrative. Il faut non seulement que la décision soit prise dans les 2 mois mais aussi que le propriétaire (ou le notaire) en reçoive notification avant l'expiration du délai. Le délai est un délai non franc qui se calcule de quantième en quantième. Ainsi, pour une DIA reçue le 12 janvier, le délai expire au terme de la journée du 12 mars. Au terme des 2 mois, le silence gardé par le titulaire vaut renonciation à l'exercice de son droit. La collectivité perd le pouvoir de préempter légalement. À titre particulier, pour les biens vendus par adjudication obligatoire de par la loi ou un règlement, c'est un délai de 30 jours qui est imparti à l'administration pour se substituer à l'adjudicataire. Ce délai court à partir de la date du jugement d'adjudication, sauf si une surenchère est intervenue (art. R. 213-15, al. 3), laquelle fait courir un nouveau délai de 30 jours qui démarre à la date de la nouvelle adjudication (*CE, 29 déc. 1993, M. Lebouc*). Dans un arrêt du 26 mars 2021, le Conseil d'État précise toutefois que le délai réduit à 30 jours est inopposable au titulaire du DPU lorsque la DIA mentionne, par erreur, que la vente présente un caractère amiable, ce qui permet à la commune, de disposer, en telle hypothèse, d'un délai de 2 mois pour faire connaître son intention de préempter au titre du DPU (n° 438876).

La notification de la décision au propriétaire et sa transmission au contrôle de légalité, dans le délai de 2 mois, constituent une condition de la légalité de la décision de préemption prise par la collectivité, une SEM ou une société publique locale (*CE, 24 mai 2017, n° 397197 ;* des conditions rigoureuses ont été rappelées dans l'arrêt *CE, 4 avr. 2018, n° 414840*). De nouvelles formalités de publicité ont renforcé le rôle du notaire. La notification au notaire est d'une part, systématique et d'autre part, c'est à lui de transmettre la décision aux titulaires visés par le code (et non plus au propriétaire). Ces formalités de publicité permettent de s'assurer du caractère définitif de la décision de préemption et d'empêcher que celle-ci ne soit attaquée sans délai. La décision doit être notifiée au vendeur, au notaire et désormais, « le cas échéant, à la personne mentionnée dans la DIA qui avait l'intention d'acquérir le bien. Le notaire la transmet aux titulaires de droits d'emphytéose, d'habitation ou d'usage, aux personnes bénéficiaires de servitudes, aux fermiers et aux locataires mentionnés dans la DIA ».

Selon l'article L. 213-2, le titulaire du droit de préemption peut, dans le délai de 2 mois, adresser au propriétaire une demande unique de communication des documents permettant d'apprécier la consistance et l'état de l'immeuble, ainsi que, le cas échéant, dans le cadre de la cession de la majorité des parts d'une SCI, la situation sociale, financière et patrimoniale de la société. Or, la demande de pièces complémentaires peut « gonfler » artificiellement le délai dont dispose le titulaire pour exercer le DPU. En effet, le 4e alinéa de l'article L. 213-2 indique clairement que le délai de 2 mois est suspendu, à compter de la réception de pièces complémentaires dans deux cas :

- entre la réception par le vendeur de la demande unique de documents complémentaires et la transmission de ceux-ci au titulaire du droit de préemption ;
- entre la réception par le vendeur d'une demande de visite et la visite effective par le titulaire de la préemption ou la signification du refus de visite par le propriétaire. En effet, le titulaire peut demander la visite du bien.

Pour établir l'expiration du délai de préemption, il faut considérer que les jours de suspension s'ajoutent au délai de préemption de deux mois calculé de quantième en quantième. Mais, si le délai restant, à compter de la reprise de son cours, est inférieur à un mois, le préempteur dispose d'un mois pour notifier la décision !

3) Les suites de la décision de préempter

● POUR LES ALIÉNATIONS SOUS FORME DE VENTE DE GRÉ À GRÉ SANS CONTREPARTIE EN NATURE

Trois possibilités s'offrent à l'administration (art. R. 213-8) :

- ***la renonciation peut être tacite*** (le silence gardé par le titulaire du DPU dans le délai de 2 mois vaut renonciation à l'exercice de ce droit) ***ou expresse*** (notification). La renonciation au droit de préempter par le titulaire (avant fixation judiciaire du prix) longtemps permis la vente du bien par le propriétaire au prix et aux conditions indiqués dans la DIA (à des conditions identiques), sans contrainte de temps. Depuis *ALUR*, le bien peut être revendu au prix indiqué dans la DIA, prix révisable, en fonction de la variation de l'indice du coût de la construction, dès lors que l'acte authentique cristallisant la vente aura été conclu dans un délai maximum de 3 ans à compter de la renonciation à préempter (art. L. 213-8). Passé ce délai de 3 ans, il doit souscrire une nouvelle DIA quand bien même la vente devrait intervenir aux mêmes conditions et prix (art. L. 213-8, al. 2). La loi *ALUR* a, on le voit, instauré une durée de validité de 3 ans de la purge effectuée. Cette durée de validité n'est toutefois pas applicable lorsque la renonciation du préempteur intervient après la fixation judiciaire du prix. Dans cette hypothèse, le délai de 5 ans est maintenu ;
- ***l'acceptation de la préemption se fait au prix fixé dans la DIA***. La DIA s'analyse juridiquement comme une offre de contracter (offre d'acquérir) et la notification en une acceptation, sachant qu'une telle offre peut être retirée tant qu'elle n'a pas été acceptée (*Cass. 3e civ., 17 sept. 2014, Cne d'Alignan-du-Vent*). Légalement, la vente doit être constatée par acte authentique dressé dans les 3 mois. Concernant le prix d'acquisition, celui-ci est désormais payé ou, en cas d'obstacle au paiement, consigné dans les 4 mois (au lieu de 6) qui suivent soit la décision d'acquérir le bien au prix indiqué par le vendeur ou accepté par lui. La sanction du non-respect de ce délai est radicale puisque le propriétaire peut librement aliéner son bien, sans condition de prix ni de délai. Il est par ailleurs prévu que le transfert de propriété n'intervient qu'à « la plus tardive des dates auxquelles seront intervenus le paiement et l'acte authentique » (art. L. 213-14) ce qui permet de neutraliser notamment les questions de conservation de l'immeuble entre le transfert de propriété et la prise de possession ;
- ***en cas de désaccord sur le prix***, le titulaire notifie son offre au vendeur qui a 2 mois pour se prononcer. Soit le vendeur accepte la contre-proposition, soit le vendeur refuse le prix proposé et maintient son prix initial mais accepte que le prix soit fixé par le juge de l'expropriation

(art. R. 213-11). Le titulaire peut alors saisir le juge de l'expropriation dans un délai de 15 jours à compter de la réponse négative du propriétaire pour faire fixer le prix (déchéance du droit d'agir au-delà). Les parties ont ensuite 2 mois pour accepter ou renoncer à la vente. Le silence des parties vaut acceptation du prix fixé par le juge et transfert de propriété au profit du titulaire du DPU. Mais, à ce stade, le vendeur peut retirer son offre alors même que le juge est saisi et ce, pendant un délai de 2 mois après le rendu de la décision définitive. De même, le titulaire peut renoncer à préempter le bien dont le prix a été fixé judiciairement (art. L. 213-7, al. 2). Dans cette hypothèse, celui-ci ne pourra plus exercer son droit à l'égard du même propriétaire pendant 5 ans.

- POUR LES ALIÉNATIONS AVEC CONTREPARTIE EN NATURE OU SOUS FORME D'ADJUDICATION VOLONTAIRE

La DIA ne s'analyse plus comme une offre de contracter mais comme une simple information qui permet au titulaire du droit de préemption soit de faire une offre de contracter au vendeur, soit d'exercer le droit de se substituer à l'adjudicataire (art. R. 213-9). La DIA donne seulement une estimation de la valeur vénale du bien. Dans cette hypothèse, le titulaire du droit de préemption n'a le choix qu'entre deux décisions : soit, il notifie au propriétaire sa décision de renoncer à l'exercice du droit de préemption, soit, il lui offre d'acquérir le bien à un prix qu'il propose. Si le propriétaire refuse ce prix, le titulaire doit notifier son intention de faire fixer le prix du bien par le juge de l'expropriation.

- POUR LES VENTES PAR ADJUDICATION RENDUES OBLIGATOIRES PAR LA LOI OU LE RÈGLEMENT

Dans ce cas de figure, la purge du droit de préemption a lieu postérieurement à l'adjudication (art. R. 213-14 et 15). Si le titulaire veut préempter, l'acquisition a lieu au prix de la dernière enchère, par substitution à l'adjudicataire. Il n'existe pas de recours possible devant le juge de l'expropriation. Le titulaire du droit de préemption doit être informé de la date et des modalités de la vente par une DIA effectuée par le greffier de la juridiction ou le notaire chargé de procéder à la vente. Cette DIA adressée au maire au moins 30 jours avant la date fixée pour la vente est communiquée au directeur des services fiscaux. Le titulaire dispose d'un nouveau délai de 30 jours pour informer le greffier ou le notaire de sa volonté de se substituer à l'adjudicataire.

d) Les droits et garanties des tiers

1) Droit de délaissement

Le propriétaire d'un bien situé en zone de DPU dispose d'un droit de délaissement. Cette contrepartie octroyée au propriétaire lui permet de proposer au titulaire du DPU d'acquérir son immeuble, en indiquant le prix qu'il en demande (art. L. 211-5). Le titulaire du droit de préemption dispose de 2 mois pour se prononcer. En cas d'accord, l'article L. 213-14 est applicable. À défaut d'accord amiable, le prix est fixé par la juridiction compétente en matière d'expropriation. En cas de refus ou de silence gardé par le titulaire du droit de préemption dans le délai de 2 mois, le propriétaire bénéficie des dispositions de l'article L. 213-8 (v. *supra*), lesquelles ont été modifiées par la loi *ALUR* dans le sens de l'amélioration de la protection du propriétaire vendeur du terrain. D'une part, le prix déclaré à l'administration qui sert de référence pour la vente faisant suite à la renonciation à l'exercice du droit de préemption tient compte de l'évolution de l'indice du coût de la construction. D'autre part, le législateur réserve la possibilité de vente sans souscrire une nouvelle DIA aux biens pour lesquels les propriétaires avaient réellement trouvé un acheteur. Pour cela, le code limite le délai de vente sans nouvelle déclaration à 3 ans. Au-delà de ce délai, une nouvelle déclaration est nécessaire.

2) Paiement du prix

Le droit de préemption faisait application jusqu'ici de la théorie générale des contrats, selon laquelle la vente est parfaite dès lors qu'un accord est intervenu entre le titulaire du droit de préemption et le vendeur. Le transfert de propriété devenait alors possible. En cas de défaut de paiement du prix dans le délai légal, le vendeur avait le choix entre deux procédures : la réitération forcée de la vente (procédure de droit civil du privilège du vendeur (C. civ., art. 2103-1) selon laquelle le vendeur devait être payé en priorité et pouvait demander des intérêts moratoires) ou l'exercice d'un droit de rétrocession.

La loi *ALUR* a apporté, sur ce point, une réelle simplification. D'une part, le législateur a instauré la simultanéité du transfert de propriété et de la signature de l'acte authentique ou du paiement du prix et, d'autre part, a raccourci de façon non négligeable le délai de paiement du prix. En effet, l'article L. 213-14 prévoit qu'en cas d'accord sur la chose et le prix, le transfert de propriété doit intervenir à la plus tardive des dates auxquelles seront intervenus le paiement du prix et l'acte authentique. Le paiement du prix doit intervenir dans un délai de 4 mois à compter de l'accord des parties ou du jugement fixant ce prix. Au-delà, on notera que le non-paiement ou l'absence de consignation du prix équivaut à une renonciation à préempter qui permet au vendeur de recouvrir toute liberté pour aliéner son bien (art. L. 213-4-1 ; *Cass. 3e civ., 9 mai 2012, Cne de Quetigny*).

3) Le suivi des biens préemptés

Les biens acquis par voie de préemption intègrent le domaine privé des collectivités et peuvent rejoindre plus tard le domaine public. Ils ne peuvent être utilisés ou aliénés que pour servir une action ou une opération d'aménagement répondant aux objets définis de l'article L. 300-1, toute décision de préemption devant mentionner l'objet pour lequel ce droit est exercé.

En cas d'utilisation ou d'aliénation à d'autres fins dans un délai de 5 ans, un droit de rétrocession s'applique en faveur des anciens propriétaires (art. L. 213-11). Sur ce point, la loi *ALUR* a toutefois assoupli les règles d'utilisation du bien préempté en autorisant une utilisation différente de celle mentionnée dans la décision de préemption (logement social devenant salle de sport), du moment qu'elle entre dans le champ de l'article L. 210-1, étant précisé que ce changement d'affectation doit faire l'objet d'une décision de l'organe délibérant de la collectivité. L'article L. 213-11 est venu codifier la jurisprudence « *Vaniscotte* » (*CE, 14 janv. 1998 posant le principe de « la motivation glissante »*) en admettant que le bien peut être utilisé pour une autre fin que celle indiquée lors de la préemption, du moment que cette finalité pouvait permettre la préemption.

La personne publique, une fois prononcée l'annulation ou constatée l'illégalité de la décision de préemption, a l'obligation de proposer l'acquisition du bien en priorité aux anciens propriétaires ou à leurs ayants cause universels ou à titre universel ou, en cas de renonciation de leur part, à l'acquéreur évincé (art. L. 213-11-1). Mais, en cas de désaccord entre les anciens propriétaires (héritiers indivisaires) en vue de se voir rétrocéder le bien pour le partager ou le liciter à nouveau, le titulaire du droit de préemption doit proposer la rétrocession de l'immeuble à l'acquéreur évincé (*CAA Bordeaux, 3 oct. 2019, n° 19BX0106).*

À défaut d'accord amiable sur le prix, il revient au juge de l'expropriation de le fixer judiciairement. Les anciens propriétaires disposent alors d'un délai de 3 mois à compter de la notification de la décision juridictionnelle devenue définitive pour accepter l'acquisition. Passé le délai, ils sont réputés avoir renoncé à la rétrocession. Cependant, désormais la renonciation à ce nouveau droit de rétrocession n'interdit pas aux anciens propriétaires ou leurs ayants droit d'intenter une action en dommages et intérêts (art. L. 213-12). Une telle action peut être ouverte, même en cas de renonciation à la rétrocession, au profit de l'ancien propriétaire ou de l'acquéreur évincé. L'action se prescrit par 5 ans. Par ailleurs, cette renonciation oblige désormais le titulaire du droit de préemption à proposer la vente du bien à l'acquéreur évincé, dès lors que son nom a été mentionné dans la DIA (art. L. 213-11). Lorsqu'un acquéreur évincé se voit notifier une décision de préemption sans mention des voies et délais de recours, en principe, le délai du recours contentieux ne court pas à son égard. Toutefois, en application de la jurisprudence « Czabaj », le recours ne peut être exercé que dans un délai raisonnable d'un an (forclusion, en l'espèce : *CE, 18 déc. 2019, n° 419220*).

4) Préemption partielle

Si l'intention de préempter ne porte que sur une partie d'un bien, le propriétaire bénéficie d'un droit de « réquisition d'emprise totale » qui a pour conséquence d'étendre l'assiette du droit de préemption. Le propriétaire peut exiger que le titulaire du droit de préemption se porte acquéreur de l'ensemble de l'unité foncière (art. L. 213-2-1). Si ce mécanisme n'est pas utilisé, la fixation judiciaire du prix doit tenir compte de la dépréciation subie par la fraction restante de l'unité foncière. Lorsque le titulaire du droit de préemption a notifié sa décision d'exercer son droit, le propriétaire a une obligation d'information des locataires, preneurs et occupants de bonne foi du bien (art. L. 213-9). Les différents occupants peuvent alors résilier leur bail à tout moment. Le nouveau propriétaire, titulaire du droit de préemption devra « leur verser les indemnités auxquelles ils peuvent prétendre, notamment celles qui peuvent leur être dues à raison des améliorations qu'ils ont apportées au fonds loué » (art. L. 213-10). En contrepartie, les occupants ne peuvent pas s'opposer aux travaux de restauration ou démolition des immeubles préemptés.

Le législateur a entendu renforcer la protection des locataires en cas de ***vente « à la découpe »***. Ce type de vente, par opposition à la vente d'un immeuble entier (***vente « en bloc »***), consiste pour un propriétaire d'immeuble entier, à diviser juridiquement tout ou partie de celui-ci, en vue de vendre appartement par appartement les lots issus de cette division. Or, il arrive que les bailleurs institutionnels (banques, assurances, etc.) profitent des niveaux de prix atteints par le marché pour vendre en bloc des immeubles d'habitation à des opérateurs immobiliers. Après les avoir divisés en lots de copropriété, ces derniers les revendent à l'unité, en réalisant d'importantes plus-values, ce qui entraîne parfois le départ précipité de certains locataires en place qui n'ont pas les moyens d'acquérir le logement concerné. En tel cas, les locataires bénéficient de dispositions protectrices, notamment d'un droit de préemption. Il convient, lors de la vente dans sa totalité et en une seule fois d'un immeuble à usage d'habitation ou mixte, professionnel et habitation, comportant plus de 5 logements (contre 10 précédemment), de purger le droit de préemption de chaque locataire, à moins que l'acquéreur ne prenne l'engagement de proroger les baux en cours pour une durée de 6 années à compter de la vente, ce qui permet au locataire de rester en place, le temps de chercher éventuellement un nouveau toit.

2 L'action foncière de protection

■ *Les espaces naturels sensibles des départements (ENS)*

Les espaces naturels sensibles des départements ont été créés par l'article 12 de la loi n° 85-729 du 18 juillet 1985. Un espace naturel sensible (ENS) est un périmètre identifié au vu de son intérêt biologique et/ou géologique et/ou paysager. L'ENS est souvent fragilisé, menacé ou rendu vulnérable par des pressions extérieures. Il est ouvert au public dans la mesure où les caractéristiques du milieu le permettent. Ces sites sont recensés et valorisés par le département qui en a la charge. Héritier des anciens périmètres sensibles, le droit de préemption est un instrument d'acquisition de ces espaces permettant aux départements de mettre en œuvre une politique de sauvegarde et d'ouverture des sites naturels. Son caractère marqué d'outil de protection des milieux naturels contre les excès de l'urbanisation permet de le différencier nettement du droit de préemption urbain (DPU et DPZAD) étant aux services de l'aménagement urbain.

a) Conditions de création

La politique des espaces naturels sensibles (ENS) est de la compétence du département. Et dans ce cadre, le département peut instituer des zones de préemption en vue de sa mise en œuvre (art. L. 215-4). Cette compétence d'institution du droit de préemption appartient également au Conservatoire du littoral sur les territoires qu'il couvre (art. L. 215-5). La commune n'est toutefois pas totalement écartée et elle peut bénéficier du droit de préemption dit ENS, soit par délégation du département et de lui seul à l'exclusion du Conservatoire (art. L. 215-8), soit par substitution (art. L. 215-7). De même, le département peut déléguer son droit de préemption à l'occasion de l'aliénation d'un bien soumis à ce droit ou sur un ou plusieurs secteurs de la zone de préemption au Conservatoire de l'espace littoral et des rivages lacustres, lorsque celui-ci est territorialement compétent, à l'EP chargé d'un parc national ou à celui chargé d'un parc naturel régional pour tout ou partie de la zone de préemption qui se trouve sur le territoire du parc ou dans les réserves naturelles dont la gestion leur est confiée (art. L. 215-6), à l'État, à une collectivité territoriale, à un établissement public foncier, au sens de l'article L. 324-1 ou à l'Agence des espaces verts de la région d'Ile-de-France (art. L. 215-8).

L'objectif est de protéger un espace dont le caractère naturel est menacé et rendu vulnérable, actuellement ou potentiellement, soit en raison de la pression urbaine ou du développement des activités économiques ou de loisirs, soit en raison d'un intérêt particulier eu égard à la qualité du site ou aux caractéristiques des espèces végétales ou animales qui s'y trouvent, (et non la protection des espaces agricoles). Pour mener à bien cette politique d'acquisition, le Conseil général peut créer une part départementale de la taxe d'aménagement (art. L. 331-3). Comme avant, le produit de cette taxe est utilisé pour l'acquisition, l'aménagement et/ou l'entretien de tout espace naturel devenu propriété du département, sous réserve de son ouverture au public (art. L. 113-8 et R. 113-18). Cette prérogative donne donc aux départements les moyens financiers nécessaires à sa mise en œuvre. Objet de l'acte de création

Les critères permettant de reconnaître l'existence d'un espace sensible sont flous (*P. Billet, « La place des ENS dans le droit de la protection des espaces naturels », RJE 2006, p. 153*).

La fonction de l'appropriation publique des terrains est exclusivement d'ordre environnemental (*CE, sect., 8 févr. 2002, Ass. des riverains pour la gestion du Bassin du Trieux*). Les terrains acquis doivent, en principe, être aménagés pour être ouverts au public (itinéraires de promenade et de randonnée), sauf exception justifiée par la fragilité du milieu naturel (*CE, 7 juin 2006, n° 277562,*

Dpt du Var). Les aménagements doivent être compatibles avec la sauvegarde des sites, des paysages et des milieux naturels. La décision de préemption doit comporter les considérations sur lesquelles elle se fonde et être motivée en droit et en fait, faisant ainsi apparaître les raisons pour lesquelles la préservation et la protection des parcelles en cause justifiaient la préemption (*CE, 30 avr. 2014, n° 360794, Cne des Saintes-Maries-de-la-Mer*). Toutefois, le juge se montre raisonnablement exigeant en matière de motivation. La décision n'a pas à justifier de la sensibilité du milieu ou de la qualité du site (*CE, 30 avr. 2014, préc.*), ni même de la réalité d'un projet d'aménagement (*CE, 8 avr. 2015, n° 376821, Cne de Saint-Aignan-Grandlieu*).

En outre, l'autorité administrative n'étant pas tenue de préciser les modalités futures de protection et de mise en valeur des parcelles qu'elle envisage de préempter, la décision peut, sur la forme, ne pas indiquer que les terrains préemptés seront ouverts au public, ni les raisons de l'absence d'un tel aménagement (*CE, 30 avr. 2014, Cne des Saintes-Maries-de-la-Mer, préc.)*

La personne publique propriétaire est responsable de la gestion des terrains acquis ; elle s'engage à les préserver, à les aménager et à les entretenir dans l'intérêt du public. Elle peut éventuellement confier la gestion des espaces aménagés à une personne publique ou privée y ayant vocation. Seuls des équipements légers d'accueil du public ou nécessaires à la gestion courante des terrains ou à leur mise en valeur à des fins culturelles ou scientifiques peuvent être admis sur les terrains acquis, à l'exclusion de tout mode d'occupation du sol de nature à compromettre la conservation ou la protection de ces terrains en tant qu'espaces naturels.

b) Opérations soumises

Ce droit de préemption a un champ d'application plus restreint que celui du DPU ou de la ZAD. En principe, il s'exerce sur des terrains nus. Cependant, l'existence d'une construction ne fait pas obstacle à son exercice dès lors que le terrain concerné est de dimension suffisante pour justifier son ouverture au public et qu'il est, par sa localisation, nécessaire à la mise en œuvre de la politique des ENS. En règle générale, la construction acquise est alors conservée pour être affectée à un usage permettant la fréquentation du public et la connaissance des milieux naturels. Sont visées les aliénations volontaires et non volontaires. La préemption partielle est possible. Il faut noter que le Code de l'urbanisme, soumet, sous certaines conditions, la cession de droits indivis sur un immeuble ou une partie d'immeuble bâti ou non bâti, et la cession de la majorité des parts d'une SCI (dont le patrimoine est constitué par une seule unité foncière située en tout ou partie dans la zone de préemption) au droit de préemption du Conservatoire de l'espace littoral et des rivages lacustres. Ce droit n'est ouvert qu'au bénéfice du Conservatoire, même lorsque la zone de préemption a été créée par le département (art. L. 142-3).

c) Procédure

Toute aliénation mentionnée à l'article L. 215-14 est subordonnée, à peine de nullité, à une déclaration préalable adressée par le propriétaire au président du département dans lequel sont situés les biens ; ce dernier en transmet copie au directeur départemental des finances publiques. Cette déclaration comporte obligatoirement l'indication du prix et des conditions de l'aliénation projetée ou, en cas d'adjudication, l'estimation du bien ou sa mise à prix (art. L. 215-19). Lorsque la contrepartie de l'aliénation fait l'objet d'un paiement en nature, la déclaration doit mentionner le prix d'estimation de cette contrepartie.

Le département a 3 mois pour se prononcer. Le silence des titulaires des droits de préemption et de substitution pendant 3 mois à compter de la réception de la déclaration vaut renonciation à l'exercice de ces droits. En cas de désaccord sur le prix, le juge de l'expropriation sera saisi. Si les terrains acquis par voie de préemption n'ont pas été aménagés et ouverts au public dans les 10 ans (art. L. 215-21), sauf fragilité du milieu le justifiant, les anciens propriétaires disposent d'un droit de rétrocession (art. L. 215-22).

■ *La protection des espaces agricoles et naturels périurbains*

Outil d'intervention foncière, le Périmètre de Protection des Espaces Agricoles et Naturels Périurbains (PPEANP) donne au département ou un établissement public (art. L. 143-16), la possibilité de créer des périmètres d'intervention en zone périurbaine en vue de protéger et de mettre en valeur des espaces agricoles naturels et forestiers (art. L. 113-15). Créés par la loi *DTR* du 23 février 2005, les PPEANP ont été conçus pour garantir la mise en valeur de ces espaces « tampons » sous tension en raison de l'urbanisation, des conflits d'usage et du prix du foncier.

Les périmètres d'intervention ne peuvent inclure des terrains situés dans une zone U ou AU délimitée par un PLU, dans un secteur constructible délimité par une carte communale ou dans un périmètre ou un périmètre provisoire de ZAD (art. L. 113-20). Les articles L. 113-17 et L. 113-19 ont été modifiés pour faciliter la réalisation de projet d'infrastructure de l'Etat dans ces zones (Loi Mobilités de 2019). Le département ou l'EP élabore, en accord avec la ou les communes ou EPCI compétents un programme d'action qui précise les aménagements et les orientations de gestion destinés à favoriser l'exploitation agricole, la gestion forestière, la préservation et la valorisation des espaces naturels et des paysages au sein du périmètre d'intervention (art. L. 113-21). S'agissant de la technique, le dispositif est complexe, le département pouvant exercer, soit le droit de préemption sur les terres agricoles dévolu aux SAFER, soit le droit de préemption des ENS (art. L. 113-25).

Plus de 15 ans après la loi, seule une quinzaine de périmètres ont été définis. En effet, si la mise en œuvre a été confiée aux départements, les périmètres ne peuvent être établis qu'avec l'accord des communes. Or, celles-ci majoritairement réticentes à s'inscrire dans un processus départemental, utilisent leur droit de veto, peu enclines à accepter un gel éternel de leur territoire. En effet, la loi a conçu des mesures de protection drastiques de verrouillage définitif du périmètre de protection. Une fois le périmètre délimité, les terrains qui en font partie ne peuvent plus être inclus dans un secteur urbanisable par les documents d'urbanisme, seul un décret peut autoriser des modifications au découpage initial (art. L. 113-19).

■ *La préservation des ressources en eau*

La loi du 27 décembre 2019 instaure un droit de préemption en vue de préserver les ressources en eau destinées à la consommation humaine (art. L. 218-1 et s.). L'autorité en charge du service d'eau potable peut instaurer un droit de préemption des surfaces agricoles sur un territoire délimité dans l'aire d'alimentation de captages utilisés pour l'alimentation en eau destinée à la consommation humaine (art. L. 218-1 à L. 218-14). Ce droit de préemption appartient à la commune ou au groupement de communes exerçant la compétence de contribution à la préservation de la ressource en eau (CGCT, art. L. 2224-7). L'arrêté instaurant la préemption est pris après avis des communes, des EPCI compétents en matière de PLU, des chambres d'agriculture et des SAFER concernés par la délimitation des zones (art. L. 218-2). La préemption s'exerce sur les aliénations réalisées à titre onéreux (art. L. 218-5) : biens immobiliers à usage agricole et biens mobiliers qui leur sont attachés ou terrains nus à vocation agricole, bâtiments d'habitation faisant partie d'une exploitation agricole ; usufruit ou nue-propriété de ces biens. Le DPU (art. L. 211-1), le DPZAD (art. L. 212-1) et le DPENS (art. L. 215-1 et 2) priment sur ce nouveau droit de préemption (art. L. 218-4, al. 2). Mais, le droit de préemption pour la préservation de la ressource en eau prime celui de la SAFER (C. urb., art. L. 218-6 et C. rur., art. L. 143-6).

■ *La protection de la diversité commerciale*

Illustrant une nouvelle forme de « socialisme municipal », les communes disposent depuis la loi du 2 août 2005 en faveur des PME, d'un droit de préemption spécifique sur « les fonds artisanaux, les fonds de commerce et les baux commerciaux et les terrains portant des commerces ou destinés à en porter tout « de bouche », (surface de vente comprise entre 300 et 1 000 mètres carrés). La préemption commerciale vise à éviter la disparition, des commerces de proximité des centres-villes et à écarter un acquéreur dont les projets paraissent contrarier un objectif de diversité commerciale. Il s'agit d'une préemption destinée à maintenir une offre commerciale diversifiée au sein de périmètres communaux bien ciblés.

Au titre des particularités, il convient de souligner l'autonomie de la mesure en précisant que l'instauration du droit de préemption est déconnectée de l'existence d'une planification urbaine (PLU ou carte communale). L'article L. 214-1 subordonne l'exercice de cette prérogative à la délimitation préalable par la commune d'un « périmètre de sauvegarde du commerce de proximité » (*CE, 21 mars 2008, Sté Mégaron*). Toute cession de fonds de commerce ou de bail commercial située dans un périmètre de sauvegarde doit être subordonnée à une déclaration préalable auprès de la commune, qui a 2 mois pour se porter acquéreur du fonds ou du bail. Si la commune renonce, le cédant peut alors réaliser la vente librement, mais au prix fixé dans la déclaration. Pour le reste, la loi renvoie au droit commun des articles L. 213-4 à 7. Si elle décide de préempter elle devra, dans le délai de deux ans (art. L. 214-2) à compter de la prise d'effet de la cession, rétrocéder le fonds ou le bail à une entreprise immatriculée en vue d'une exploitation destinée à préserver la diversité commerciale dans le périmètre concerné. Ce délai peut être porté à trois ans en cas de mise en location-gérance du fonds de commerce ou du fonds artisanal, ce qui permet d'en poursuivre l'exploitation et, ainsi, éviter qu'il ne perde de sa valeur. À défaut l'acquéreur évincé aura un droit de priorité d'acquisition. En définitive, si ce droit peut porter potentiellement atteinte à la liberté du commerce et de l'industrie, il peut parfois, dans le contexte actuel, amener la commune à jouer un véritable rôle de « pompier social », similaire toute proportion gardée, au socialisme municipal des années trente.

Chapitre 7

Les moyens juridiques

L'urbanisme opérationnel permet d'attribuer à l'administration la responsabilité de l'aménagement (art. L. 300-2). Celle-ci est dotée de moyens juridiques, au titre desquels on peut compter deux procédures opérationnelles principales : le lotissement et la ZAC. Si les deux procédures ont pour finalité la viabilisation et l'équipement de terrains en vue de la revente à des fins de constructions, la procédure de ZAC sera préférée au lotissement en présence d'un programme important d'équipements publics cofinancés par l'aménageur.

1 Le lotissement

Cette procédure est fortement utilisée dans le domaine du logement et constitue d'ailleurs une des principales sources de la production du terrain à bâtir pour les maisons individuelles. La division d'une propriété foncière d'un seul tenant en plusieurs lots en vue de l'implantation de bâtiments, opération d'origine privée, a été très tôt soumise à autorisation de lotir, à la suite du scandale des lotissements défectueux. La réglementation des lotissements s'est « publicisée » avec la loi du 1er juillet 1924, amenant les pouvoirs publics à soumettre l'opération de lotissement à un contrôle préalable de l'administration afin de mieux protéger les acquéreurs de lots.

La définition du lotissement figure à l'article L. 442-1. Depuis la réforme opérée par l'ordonnance du 8 décembre 2005, le choix a été fait d'élargir l'entrée en lotissement (dès le premier détachement) de sorte qu'une division foncière en vue de bâtir ne puisse échapper à cette qualification : certains lotissements sont soumis à la délivrance d'un permis d'aménager alors que d'autres ne font l'objet que d'une simple déclaration préalable (art. L. 442-3). Il y a bien lotissement à la première division.

Souhaitant dissiper certaines difficultés laissées par la précédente réforme, l'ordonnance n° 2011-1916 du 22 décembre 2011, a limité le champ de la déclaration préalable aux seuls lotissements sans travaux, quel que soit le nombre de lots tandis que d'autres mesures permettent de sécuriser la gestion des lotissements en facilitant la pré-commercialisation des lots et donc le montage financier des opérations. *Last but not least,* le décret du 24 février 2014 a modifié les critères posés à l'article R. 421-19 suivi de peu par la loi *ALUR (2014)* puis *ÉLAN* (2018) qui a retouché trois articles importants du Code de l'urbanisme : l'article L. 442-9 relatif à la caducité des règles du lotissement, l'article L. 442-10 relatif aux modifications demandées ou acceptées par les colotis et l'article L. 442-11 ayant trait à la mise en concordance avec le PLU.

■ *La notion de lotissement*

La définition du lotissement est énoncée à l'article L. 442-1 du Code de l'urbanisme qui prévoit que : « Constitue un lotissement la division en propriété ou en jouissance d'une unité foncière ou de plusieurs unités foncières contiguës ayant pour objet de créer un ou plusieurs lots destinés à être bâtis. »

a) Les modalités de la division foncière

1) La division peut se faire en propriété ou en jouissance

La division du terrain en lot peut avoir lieu en propriété ou en jouissance. S'agissant de la division en jouissance, le juge s'attache à rechercher si la division entraîne l'attribution de droit à construire exclusifs au pétitionnaire. Ce peut être le cas s'il est titulaire d'un bail à construction (*Cass. 3e civ., 17 nov. 2004 : Bull. civ. III, no 203*). À l'origine, seule la division de surfaces en lots était admise mais l'imagination de certains promoteurs souhaitant échapper à la réglementation des lotissements a fait surgir de nouvelles difficultés, dont celle de savoir si une division « en volume » pouvait être constitutive de lotissement (mises en copropriété dites « horizontales »). On fait appel à la division en volumes quand il n'existe pas de parties communes entre les lots ou au sein d'une coexistence d'espaces publics et privés (contrairement au régime de la copropriété). Dans ce type de montage, chaque copropriétaire se voit attribuer la jouissance divise, exclusive et perpétuelle d'une partie du sol. Ce critère permet de considérer ladite division en jouissance comme relevant de la réglementation du lotissement. En effet, une opération de division, qui a conféré à chacun des bénéficiaires un droit exclusif de construction sur son lot et la propriété exclusive de sa maison, les a placés dans la situation juridique du lotissement, alors même que la propriété du sol est restée indivise entre eux (*CAA Marseille, 19 mars 2010, M. et Mme A*). En revanche, si les logements sont seulement mis en location, alors il n'y a pas division au sens de la réglementation de l'urbanisme (*CE, 8 mars 2008, no 296287, Cne de Mareil-le-Guyon*).

2) L'indifférence du caractère volontaire de la division d'une propriété foncière

Le fait que cette division ait un caractère volontaire ou forcé n'est pas pris en considération. Ainsi, toutes les divisions sont visées, qu'elles procèdent d'un partage successoral ou d'un acte assimilé (donation-partage), d'un divorce. En revanche, elle ne doit pas être imposée par l'action de la puissance publique (à la suite d'une expropriation, par exemple). En outre la division peut être à titre gratuit ou onéreux, celle-ci pouvant résulter de mutations à titre gratuit (partages) ou onéreux (ventes, échanges ou locations).

b) La division d'une propriété foncière

La notion d'unité foncière est définie par la jurisprudence comme étant un « îlot de propriétés d'un seul tenant, composé d'une parcelle ou d'un ensemble de parcelles appartenant à un même propriétaire ou à la même indivision ». Le lotissement peut être la division de plusieurs unités foncières à la condition qu'elles soient contiguës, ce qui confirme la possibilité de co-lotissement. La référence à l'unité foncière permet de passer outre la référence aux propriétaires ce qui signifie que le lotissement peut être fait par plusieurs propriétaires et des propriétaires voisins dont les propriétés forment un tènement unique. Ces derniers peuvent déposer une demande de lotissement conjointe (co-lotissement). Le lotissement peut être partiel (ne concerne qu'une fraction de l'unité foncière), l'article R. 442-1-2 permettant même le lotissement « unilot ». L'article L. 442-1-2 autorise l'aménageur à inclure dans le périmètre du lotissement des parties déjà bâties, ce qui facilite la réalisation de lotissements plus denses. En revanche, le lotissement « multisite » (sur des terrains qui ne se touchent pas) est clairement interdit.

c) Le but de la division : l'implantation de bâtiments

Il faut vouloir construire pour lotir. Le lotissement se distingue, de fait, du simple « morcellement » dans lequel il n'est pas prévu de construire les parties détachées. La notion de « ***lots destinés à être bâtis*** » recouvre l'implantation de bâtiments nouveaux (avec ou sans démolition préalable) ou des travaux d'extension au sol d'une importance telle qu'ils peuvent être assimilés à l'implantation de nouveaux bâtiments. L'opération de lotissement doit avoir pour objet d'implanter des constructions qui pourront être louées ou vendues. Peu importe leur affectation (usage d'habitation, locaux à usage industriel et commercial, bureaux). Sont exclues les habitations légères de loisirs, tentes, caravanes ainsi que les maisons mobiles qui relèvent d'un autre permis d'aménager ou déclaration préalable.

La notion de bâtiments est ambiguë : les maisons-mobiles sont des bâtiments lorsqu'elles ne sont ni tractables, ni démontables. Ne constituent pas des bâtiments les abris de jardin, les tentes et caravanes, les bungalows. Les travaux d'extension d'immeubles existants, même importants ne constituent pas une implantation de bâtiments au sens de l'article L. 442-1 et la division foncière sur laquelle les travaux sont réalisés, ne constitue pas un lotissement. Le but de la division est apprécié au moment de celle-ci. Si les acquéreurs de lots n'ont pas l'intention d'édifier des bâtiments dans les 10 ans à venir, il n'est pas utile de demander une autorisation. Si par la suite, ils changent d'avis, ils ne pourront obtenir d'autorisation de construire sur leur lot s'ils n'ont pas obtenu, au préalable, un permis d'aménager ou une décision de non-opposition à une déclaration préalable.

■ Les divisions exclues de la qualification de lotissement

Toutes les divisions foncières en vue de l'implantation de bâtiments ne sont pas constitutives de lotissement (art. R. 442-1). Ces divisions ne sont pas libres pour autant mais échappent à la réglementation des lotissements. Ces exclusions sont justifiées pour éviter des superpositions de contrôles. Sont notamment exclues les divisions suivantes :

- ***les divisions primaires*** : la division primaire telle que prévue au a) de l'article R. 442-1 constitue un instrument privilégié de division foncière en ce qu'elle permet d'échapper, pour la création d'un groupe de bâtiments ou d'un immeuble autre qu'une maison individuelle, à la réglementation du lotissement. Les divisions primaires ne sont soumises ni à déclaration préalable ni à permis d'aménager. Dans un arrêt important, le Conseil d'État apporte un éclairage important sur l'assiette du PC à prendre en compte en cas de division primaire (*CE, 12 nov. 2020, req. n° 421590*). Le Conseil d'État juge que, par principe, l'appréciation des règles d'urbanisme doit être effectuée au regard de l'unité foncière d'origine, c'est-à-dire avant la division. Il devra en aller de même dans l'hypothèse d'un PCM, qui devra être instruit au regard de l'unité foncière d'origine, malgré l'intervention de la division. Le Conseil d'État réserve l'exception prévue par l'article R. 151-21 qui autorise les documents d'urbanisme à déroger au principe de l'appréciation globale, en lui substituant une appréciation des règles d'urbanisme à l'échelle de la partie de parcelle détachée.
- ***les divisions effectuées dans le cadre d'une opération de remembrement réalisée par une AFU*** et les divisions effectuées par l'aménageur à l'intérieur d'une ZAC (et non celles effectuées les constructeurs à venir) ;
- ***les divisions prévues par un PC valant division foncière*** (art. R. 431-24) : le permis valant division est apte à autoriser les constructions et la division. On ne superpose pas deux autorisations différentes. L'opération est une. Le décret n° 2012-274 du 28 février 2012 précise que le terrain d'assiette des travaux projetés est composé ou peut comprendre une ou plusieurs unités foncières contiguës mais rappelle que l'exception ne s'applique plus lorsqu'il s'agit, pour plusieurs maîtres de l'ouvrage de construire chacun une maison individuelle (*CE, 19 juin 2019, req. n° 413967, Min. de la cohésion des territoires*) ;
- ***les détachements de terrains supportant des bâtiments qui ne sont pas destinés à être démolis***, ainsi que les détachements de terrain d'une propriété en vue d'un rattachement à une propriété contiguë ;

– ***les détachements de terrain par l'effet d'une expropriation ou d'une cession amiable*** consentie après DUP lorsqu'il en est donné acte par ordonnance du juge de l'expropriation, ainsi que les détachements de terrains issus de la procédure du droit de délaissement (art. L. 230-1 à L. 230-6).

■ *Contenu de la demande*

Le contenu de la demande de permis d'aménager en lotissement est détaillé aux articles R. 441-1 et suivants et R. 442-3 à R. 442-8 du Code de l'urbanisme. La procédure du permis d'aménager est largement calquée sur celle du PC. Toutefois, malgré l'uniformisation des procédures, certaines pièces particulières doivent être fournies compte tenu de la spécificité des lotissements. Le formulaire de demande de permis d'aménager est établi selon un modèle national (Cerfa n° 13409*06). On y retrouve les informations requises au titre de l'article R. 441-1 et R. 442-3 : identité du demandeur, localisation et superficie du terrain, nature des travaux. La demande précise, en outre, le nombre maximum de lots et la surface de plancher maximale dont la construction est envisagée dans l'ensemble du lotissement. La surface maximale autorisée peut être répartie entre les différents lots soit par le permis d'aménager soit par le lotisseur à l'occasion de la vente ou de la location des lots (art. R. 441-9 et 10). Certains documents sont joints : un plan permettant de connaître la situation du terrain à l'intérieur de la commune ; le projet d'aménagement (art. R. 441-3 et R. 441-4) ; éventuellement l'étude d'impact lorsqu'elle est prévue par le Code de l'environnement (art. R. 441-5). Désormais, la loi n° 2016 925 du 7 juillet 2016 « *Architecture et patrimoine* » précise que la demande de permis d'aménager un lotissement ne peut être instruite que si la personne qui désire entreprendre des travaux a fait appel aux compétences nécessaires en matière d'architecture, d'urbanisme et de paysage pour établir le projet architectural, paysager et environnemental dont celles d'un architecte (pour les lotissements de surface de terrain à aménager supérieure à un seuil fixé par décret en Conseil d'État – art. L. 441-4).

Pour ne pas figer le futur parcellaire, il n'est pas exigé de plan de division. Le dossier de la demande est, s'il y a lieu, complété par un projet de règlement, s'il est envisagé d'apporter des compléments aux règles d'urbanisme en vigueur mais les dispositions contenues dans le règlement du lotissement devront être nécessairement plus restrictives que les dispositions issues du règlement de zone du PLU. Un extrait de la convention de projet urbain partenarial doit être joint, le cas échéant, à la demande de permis d'aménager (art. R. 441-4-1).

Le délai d'instruction de droit commun pour un permis d'aménager est de 3 mois. Ce délai peut être majoré d'1 mois dans les hypothèses visées aux articles R. 423-24 (par exemple, lorsque le projet est soumis à un régime d'autorisation soumis à une autre législation). Il est important de souligner que le délai ne court pas à compter de la délivrance du récépissé mais bien du dépôt du dossier complet (art. R. 423-19). Le délai de droit commun est de 3 mois pour le permis et d'1 mois pour la déclaration. Les exemplaires de la demande et du dossier de permis d'aménager font l'objet des transmissions prévues à l'article R. 423-50. Le permis d'aménager tacite est désormais acquis du seul fait de l'expiration du délai d'instruction. L'article R. 424-2 liste les cas dans lesquels un permis d'aménager ne peut être acquis tacitement (notamment : site classé, site inscrit, enquête publique, CDAC refusée).

Par exception à la règle selon laquelle le silence vaut permis tacite, un avis défavorable de l'ABF ou un avis favorable assorti de prescriptions dans le délai d'instruction vaut décision implicite de rejet. Il est possible d'obtenir un permis d'aménager tacite même en secteur ABF à condition que celui-ci ait donné son accord (sans conditions) au projet (art. R. 424-3).

■ *La réalisation du lotissement*

a) L'obligation d'exécution du lotisseur

1) Travaux

Le lotisseur doit exécuter les travaux prescrits et doit les commencer dans les deux ans à compter de la notification de l'autorisation ou de la date à laquelle la décision tacite est intervenue (art. R. 424-17). Les règles de caducité du permis sont celles étudiées lors de l'étude du PC. Le commencement des travaux donne lieu à une déclaration d'ouverture du chantier adressée au maire (art. R. 427-16). Les travaux sont contrôlés dans le cadre d'un droit de visite effectué par le président de l'EPCI, le préfet ou le maire. Si le lotisseur y fait obstacle, il encourt une amende de 3 750 euros à laquelle peut s'ajouter un emprisonnement d'un mois (art. L. 480-12).

Le contrôle de la régularité des travaux s'exerce à la suite de la déclaration d'achèvement des travaux (DAACT), document par lequel le constructeur ou son architecte s'engage sur la conformité de ceux-ci par rapport au permis. Mais la présomption est simple car à compter de la date de réception en mairie de la déclaration, le maire dispose de 3 mois (5 lorsque le récolement est obligatoire) pour contester la conformité des travaux (art. R. 462-6). Lorsque l'autorité compétente n'a pas procédé au récolement dans les délais, et qu'elle constate que les travaux réalisés ne sont pas conformes à ceux autorisés à l'occasion du dépôt ultérieur d'une nouvelle demande d'autorisation, elle ne peut pas imposer au pétitionnaire de « régulariser » des travaux antérieurement réalisés, sauf hypothèse de fraude (*CE, 26 nov. 2018, n° 411991, Sormonte*).

2) Commercialisation des lots

Le contrôle de la commercialisation des lots issus d'un lotissement autorisé par un permis d'aménager obéit à un régime très rigoureusement encadré. Avant la délivrance du permis d'aménager, le principe est celui de l'interdiction de tout engagement contractuel, régi par l'article L. 442-4 du Code de l'urbanisme. Le lotissement n'a aucune existence juridique et par conséquent, tout engagement contractuel y est interdit : aucune promesse de vente ne peut être consentie et aucun acompte ne peut être accepté.

Après la délivrance du permis d'aménager, la commercialisation des lots reste strictement encadrée par une série de textes s'articulant autour de deux moments : la conclusion de la promesse unilatérale de vente (le code facilite la pré-commercialisation des lots ; art. L. 442-8) et la conclusion du contrat définitif. Une promesse de vente peut être conclue (PUV), laquelle indique la consistance du lot réservé, sa délimitation, son prix et son délai de livraison. Le promettant peut obtenir le versement d'une indemnité d'immobilisation dont le montant ne peut excéder 5 %. Cette indemnité est remise au bénéficiaire si les conditions suspensives stipulées dans la promesse ne sont pas réalisées. La condition principale, outre le financement, tient à la réalisation des travaux prescrits. La promesse ne devient définitive qu'au terme d'un délai de sept jours pendant lequel l'acquéreur a la faculté de se rétracter.

S'agissant de l'interdiction de vendre des lots avant achèvement des travaux, le Code de l'urbanisme ne prévoit plus expressément cette interdiction, mais ce principe demeure et résulte implicitement de l'article R. 442-13 du code. Le principe reste celui de l'exécution préalable des prescriptions imposées par le permis avant toute cession ou location des lots. Cependant, la vente peut intervenir avant l'exécution des prescriptions imposées au lotisseur par le permis d'aménager, si l'autorité compétente lui a permis d'y procéder avant exécution de tout ou partie des travaux considérés.

Deux hypothèses peuvent se présenter :

- ***soit les travaux sont achevés avant la commercialisation***. Cela nécessite pour l'aménageur de pouvoir mobiliser et avancer les fonds qui correspondent au coût des travaux. La vente peut intervenir ;
- ***soit le lotisseur a recours à la vente des lots du lotissement avant achèvement des travaux***, en ayant recours à l'une des deux garanties d'achèvement visées aux articles L. 442-13 et L. 442-14 :
  - *pour des raisons techniques* d'abord, le lotisseur peut obtenir le différé d'achèvement des travaux (réalisation du revêtement des voies, aménagement des trottoirs, plantation) afin d'éviter la dégradation des voies pendant la construction des bâtiments. Le lotisseur s'engage alors à achever ces travaux dans un délai fixé par l'autorité compétente et à consigner sur un compte bloqué auprès d'un notaire ou d'une banque de fonds d'un montant équivalent au coût des travaux différés (art. R. 442-13),

- *pour des raisons financières* ensuite, le lotisseur peut procéder à la vente ou location, quel que soit le stade d'avancement des travaux s'il obtient d'une banque, une garantie d'achèvement des travaux (art. R. 442-14). Cette intervention « bancaire » peut prendre la forme soit d'une ouverture de crédit par laquelle celui qui l'a consentie s'oblige à avancer au lotisseur ou à payer pour son compte les sommes nécessaires à l'achèvement des travaux ; soit d'une convention aux termes de laquelle la caution s'oblige envers les futurs attributaires de lots, solidairement avec le lotisseur à payer les sommes nécessaires à l'achèvement des travaux.

On déduit que le lotisseur peut donc procéder à la vente définitive : soit à l'achèvement complet des travaux, soit s'il y a été expressément autorisé par le permis d'aménager ou un arrêté ultérieur, à compter de l'achèvement des travaux autres que de finition ou à compter de l'autorisation de vente par anticipation, indépendamment du stade d'avancement des travaux.

b) Les colotis

1) Association syndicale des propriétaires

L'article R. 442-7 prévoit que lorsque des équipements communs sont prévus, une association syndicale des propriétaires doit normalement être constituée (Ord. 1er juill. 2004 et D. 3 mai 2006). L'existence d'une telle association est liée à la présence ou non d'équipements communs au lotissement. Bien qu'imposée par le Code de l'urbanisme, sa constitution repose sur le consentement unanime des acquéreurs de lots même si, dans les faits, les acquéreurs de lots adhèrent automatiquement en signant le contrat de vente ou de location et l'engagement est pris non seulement pour eux mais aussi pour le compte des futurs propriétaires.

2) Transfert des équipements dans le domaine d'une personne publique

Les colotis ont le loisir de procéder à un tel transfert de tout ou partie des équipements dans le domaine d'une personne publique en cas de charges trop lourdes, et une fois les travaux achevés. Le lotisseur conclut alors une convention avec une personne morale de droit public. Si le transfert est total, la constitution d'une association syndicale ne sera pas nécessaire et celle-ci disparaîtra ; si le transfert est partiel, l'association s'avérera indispensable pour gérer les équipements non transférés. L'article L. 318-3 prévoit que la propriété des voies privées ouvertes à la circulation publique dans des ensembles d'habitations peut, après enquête ouverte par l'autorité exécutive de la collectivité territoriale ou de l'EPCI, être transférée d'office sans indemnité dans le domaine public de la commune sur le territoire de laquelle ces voies sont situées. Saisi d'une QPC sur la question de la constitutionnalité de cette absence d'indemnité, le Conseil d'État a accepté de transmettre au Conseil constitutionnel la question (*6 oct. 2010, n° 2010-43 QPC*). Le Conseil constitutionnel a considéré que si l'ouverture au public fait de la voie un « ouvrage » public, cela n'a pas d'incidence sur sa « propriété » qui demeure celle, privée, des colotis.

3) Règles juridiques du lotissement

Au sein du lotissement, peuvent coexister *deux types de règles*, celles du *règlement* (droit public) et celles du *cahier des charges* (droit privé). Le règlement de lotissement, facultatif, contient des règles applicables à l'intérieur du lotissement, opposables aux autorisations d'urbanisme (ex. : limitation de la hauteur, des espaces verts) lesquelles peuvent être plus contraignantes ou complémentaires à celles du PLU. Il est élaboré par le lotisseur et tire sa force exécutoire de son approbation par l'autorité administrative. Le cahier des charges, contrat de droit privé, est un document contractuel hybride qui, lorsqu'il est approuvé par l'autorité administrative, prend alors aussi une dimension réglementaire (celle-ci disparaît si les conditions de caducité de l'art. L. 442-9 sont remplies). Il est opposable uniquement aux colotis entre eux s'il est contractuel. Il est opposable à l'administration, s'il a été approuvé (ex. : couleurs imposées pour les menuiseries). Les colotis sont obligés de respecter les règles du cahier des charges qui fixent les droits et les obligations réciproques des propriétaires de lots.

L'un des objectifs de la loi *ALUR* du 24 mars 2014 a été de densifier les zones urbaines et de stimuler la construction. Pour ce faire, il fallait vaincre cette dimension contractuelle. C'est pourquoi, la loi a posé le principe de la caducité des règles d'urbanisme propres aux lotissements, à l'expiration d'un délai de 10 ans à compter de la délivrance de l'autorisation de lotir, si, à cette date, le lotissement est couvert par un PLU. Allant plus loin, le législateur de 2014 a voulu prévoir la caducité des règles contractuelles des cahiers des charges non approuvés (lotissements postérieurs à 1978) qui ont pour objet ou pour effet d'interdire ou de restreindre le droit de construire ou encore d'affecter l'usage ou la destination de l'immeuble, considérant qu'il s'agit de règles d'urbanisme.

Il s'agissait en réalité d'une « mort programmée » des cahiers des charges non-approuvés. Cependant, compte tenu de sa fragilité constitutionnelle, en particulier du droit au maintien des conventions légalement formées et de la fermeté du juge judiciaire (*Cass. 3e civ., 21 janv. 2016, n° 15-10566 ou 14 sept. 2017, n° 16-21329*), le dispositif de caducité de certaines clauses du cahier des charges des lotissements méritait d'être éclairci, la loi *ALUR* posant des difficultés d'application. La loi *ÉLAN* a donc supprimé le dispositif de caducité de certaines clauses du cahier des charges des lotissements. Il en résulte que les cahiers des charges des lotissements, documents de valeur contractuelle, conservent leur force obligatoire entre colotis. Le cahier des charges continue donc à régir les relations entre les colotis et permet à ceux qui le veulent de protéger l'intégrité de leur lotissement. Par son arrêt du 24 juillet 2019 (*n° 430362*), le Conseil d'État est venu préciser si la mention d'un cahier des charges approuvé, qui détermine le « nombre maximal de lots », présentait le caractère d'une « règle d'urbanisme », au sens de l'article L. 442-9. L'avis répond par l'affirmative (*CE, avis, 24 juill. 2019, n° 430362*), *en* invoquant, notamment, la circonstance que le nombre maximal de lots représente l'un des éléments qui doivent figurer dans la demande de permis d'aménager un lotissement (art. R. 442-3).

Pour que les colotis procèdent à une modification des documents du lotissement, des règles de majorité sont requises (art. L. 442-10) : 50 % des propriétaires détenant ensemble les 2/3 au moins de la superficie d'un lotissement ou l'inverse. Cette mesure a pour objectif de lutter contre l'étalement urbain en favorisant les possibilités de densification des lotissements existants. Dans la même veine, pour faciliter la densification des quartiers de lotissements, la mise en concordance du cahier des charges (même purement contractuel) avec le PLU est possible (art. L. 442-11). Le but est de permettre aux colotis de bénéficier de l'intégralité des droits à construire résultant de l'application du PLU.

c) Construction du lotissement

1) Date de délivrance du permis de construire

L'autorisation de lotir ne vaut pas permis de construire. Le lotissement est avant tout une autorisation de diviser le sol qui ne préjuge pas de la délivrance des PC sur les lots issus du détachement (*CAA Marseille, 30 janv. 2020, n° 18MA05461*).

Chaque titulaire de lot doit donc déposer en mairie une demande de PC. Le régime de délivrance des PC en lotissement bénéficie d'une certaine souplesse pour les permis autres que les PC de maison individuelle (art. R. 423-23 b) déposés par des promoteurs. En revanche, pour la maison individuelle, la « méfiance » reste la règle.

L'article R. 442-18 prévoit 3 dates d'obtention du permis :

- soit ***à compter de l'achèvement des travaux d'aménagement des lots***. L'obtention du permis est possible lorsque tous les travaux d'aménagement sont achevés et qu'il a été procédé à la constatation de l'achèvement ;
- soit, ***dans le cas d'une vente ou location anticipée (avant exécution des travaux), à condition que « les équipements desservant les lots soient achevés »***. Dans cette hypothèse, le lotisseur fournit à l'acquéreur un certificat attestant sous sa responsabilité, l'achèvement des équipements desservant son lot. Ce certificat est joint à la demande de PC. Le lotisseur déclare sous sa seule responsabilité que les équipements desservant le lot sont achevés et que l'administration n'a pas à contrôler la véracité de cette attestation. Néanmoins, la responsabilité du lotisseur pourra être engagée en cas de fausse déclaration devant le juge civil ou devant le juge pénal (art. L. 480-4-1) ;
- soit, depuis le 1er mars 2012, ***dès que le permis d'aménager est délivré***. Cette exception n'est cependant pas ouverte lorsque la construction est une maison individuelle au sens de

l'article L. 231-1 du CCH. Elle permet d'accélérer la procédure car le permis peut être accordé avant la fin des aménagements, à la condition cependant qu'il ne soit pas mis en œuvre avant la réalisation des équipements de desserte du lot. Cela permet aux constructeurs de purger les délais de recours et de retrait contre les PC pendant que les équipements sont en cours de réalisation, et donc de gagner du temps dans le délai de réalisation des opérations de construction.

2) Respect des règles d'urbanisme propres au lotissement

Le PC ne peut être délivré que s'il est conforme aux dispositions du règlement du lotissement (ce dernier devant lui-même respecter les règles du PLU). On sait que le PC est, en principe, délivré sur la base des règles en vigueur au moment où la décision est prise. Or, il arrive qu'entre la date de délivrance de l'autorisation de lotir et celle à laquelle l'administration statue sur la demande des PC, surviennent des changements dans la réglementation supprimant le droit de construire dans le lotissement. Le code prévoit que dans les 5 ans à compter de la date de délivrance du certificat d'achèvement, le PC ne peut être refusé sur le fondement des règles intervenues après l'autorisation de lotir. Le changement des règles est donc neutralisé vis-à-vis des acquéreurs de lots (*CE, 19 juill. 2017, n° 396775*). Comme le certificat d'urbanisme, l'attestation d'achèvement des travaux apporte, opportunément, une stabilité du droit à construire. La loi *ÉLAN*, a renforcé la protection des lotissements contre les conséquences liées à l'annulation du document d'urbanisme. Selon l'art. L. 442-14, « l'annulation ou la déclaration d'illégalité d'un PLU, pour un motif étranger aux règles d'urbanisme applicables au lotissement ne fait pas obstacle au maintien de l'application des règles au vu desquelles le permis d'aménager a été accordé ou la décision de non-opposition a été prise » (*CE, 30 sept. 2019, n° 421889*).

Par similitude, l'application de principe de « gel des règles d'urbanisme » pendant 5 ans est confirmée pour les lotissements simplement déclarés. Pour autant, le juge Lyonnais neutralise cet effet en zone de montagne. Une non-opposition à déclaration préalable d'aménager ne cristallise pendant 5 ans aucun droit à construire au regard des dispositions de la loi *Montagne* et ne garantit pas un droit acquis à construire sur le terrain dont le détachement a été autorisé (*CAA Lyon, 1re ch., 28 janv. 2020, n° 18LY01629*).

Le point de départ du délai de 5 ans correspond à la date de non-opposition à la déclaration préalable. Ainsi, l'article L. 442-14 fixe deux dates de départ différentes en fonction de l'autorisation : « soit la date d'achèvement des travaux d'aménagement en ce qui concerne les permis d'aménager, soit la date de non-opposition à déclaration préalable de lotissement ». La garantie reste pourtant relative dans la mesure où elle ne concerne que les dispositions d'urbanisme et non pas les servitudes d'utilité publique (PPRI), ni les modifications des règles propres au lotissement. Ces dernières, de par leur valeur réglementaire, restent opposables aux demandes de PC.

2 La zone d'aménagement concertée

La ZAC constitue la principale procédure opérationnelle utilisée par les aménageurs pour satisfaire les objectifs de l'aménagement public (art. L. 300-1). Selon l'article L. 311-1 CU, « les ZAC sont les zones à l'intérieur desquelles une collectivité publique ou un EP y ayant vocation décide d'intervenir pour réaliser ou faire réaliser l'aménagement et l'équipement des terrains, notamment de ceux que cette collectivité a acquis ou acquerra en vue de les céder ou de les concéder ultérieurement à des utilisateurs publics ou privés ».

Créées par la LOF du 30 décembre 1967, les ZAC ont remplacé les zones à urbaniser en priorité (ZUP). Mises en œuvre à partir de 1970, les ZAC ont été conçues comme une technique plus souple, débarrassée des aspects les plus interventionnistes des ZUP avec la mise en place d'une réglementation propre à la zone pour se soustraire à la planification de droit commun (PAZ). Leur régime juridique a connu plusieurs modifications : la loi du 31 décembre 1976 a atténué leur caractère dérogatoire pour mieux les intégrer à la planification urbaine (obligation de compatibilité avec les SD et création dans les seules zones U et NA des POS). La loi du 18 juillet 1985 a donné aux communes le pouvoir de créer les ZAC lorsqu'elles sont dotées d'un POS approuvé, et les soumet à la concertation préalable. Enfin, la loi du 13 décembre 2000 a modifié substantiellement le régime ZAC, en supprimant le plan d'aménagement de la zone (PAZ) et en les réintégrant dans le droit commun du PLU.

Enfin, sous la pression du droit communautaire et du juge français (*CAA Bordeaux, 9 nov. 2004, SODEGIS*), le droit de la commande publique s'est invité dans le droit de la ZAC obligeant le législateur français à modifier à plusieurs reprises le régime des concessions d'aménagement, lequel se montrait trop « protecteur » à l'égard des sociétés d'économie mixte locale (D. 22 juill. 2009) (art. R. 300-4 à R. 300-11-7). L'ordonnance n° 2016-65 du 29 janvier 2016 suivie du décret du 1er février 2016 relative aux contrats de concession est venue clarifier le régime juridique des contrats de concession. Elle permet d'unifier et de simplifier les règles communes aux différents contrats de la commande publique qui sont des contrats de concession au sens du droit de l'Union européenne. La loi *ÉLAN* apporte une mesure de « simplification », en permettant que l'approbation du PLU comportant des OAP puisse « *valoir acte de création de la ZAC* ». L'intégration des ZAC dans l'élaboration du projet de territoire de la collectivité est rendue plus facile (art. L. 151-7-2).

Conditions de création des ZAC

a) L'objet de la ZAC

1) Aménagement et équipement

Si la notion d'équipement ne pose pas de problèmes celle d'aménagement est plus complexe. En effet, les objectifs de l'aménagement (art. L. 300-1) sont formulés de façon tellement large qu'il est revenu au juge administratif d'encadrer la définition. C'est ce qu'il a fait à travers un arrêt de Section du contentieux du 28 juillet 1993, *Commune de Chamonix* qui apporte des limites sur les conditions de création des ZAC. Une ZAC ne peut exister que pour la réalisation d'équipements publics. Mais, si trop peu d'équipements publics doivent être réalisés, la création de la ZAC sera illégale. En outre, le Conseil d'État précise que la notion d'aménagement ne s'apprécie pas uniquement au regard d'un seuil quantitatif qui serait fonction de la superficie des terrains concernés ou du coût des équipements publics mais peut également s'apprécier selon des critères qualitatifs (insertion du projet dans le tissu urbain, bonne intégration du projet dans le cadre d'une politique locale). Même si la finalité des ZAC est la création de terrains à bâtir, des terrains déjà bâtis peuvent être compris dans le périmètre de la ZAC. Ce procédé peut, en effet, être utilisé pour « transformer le tissu urbain » (v. jurisprudence *Commune de Chamonix*). De plus, une ZAC peut être créée sur plusieurs emplacements territorialement distincts ce qui présente l'avantage de rassembler en un seul programme des actions entreprises sur des sites différents et de globaliser recettes et dépenses. Deux ZAC limitrophes ne constituent pas nécessairement un seul projet et en conséquence, ne concourent pas à la réalisation d'un même programme (*CE, 28 juin 2019, n° 408117*).

2) ZAC à maîtrise foncière partielle

En ZAC, l'aménageur n'est pas tenu de se porter acquéreur de la totalité du foncier à aménager. La ZAC à maîtrise foncière partielle, mode particulier de mise en œuvre d'une opération d'aménagement, permet d'associer les propriétaires en place au projet urbain, lors de la création de la zone. Ce processus émanant d'une volonté commune des deux parties, donne liberté aux propriétaires de construire directement sur leur terrain qui n'est pas acquis de l'aménageur. À l'inverse, l'aménageur d'une ZAC ne dispose d'aucune procédure pour contraindre un propriétaire à construire. Cependant, dans le cas d'une maîtrise foncière partielle, se pose la question de la participation des constructeurs déjà propriétaires, aux dépenses d'équipement.

Afin de remédier partiellement aux difficultés inhérentes à la présence de constructeurs autonomes sur le périmètre de la ZAC, l'article L. 311-4, prévoit la contractualisation de la réalisation de la ZAC. Lorsqu'une construction est édifiée sur un terrain n'ayant pas fait l'objet d'une cession, location ou concession d'usage consentie par l'aménageur de la zone, une convention conclue entre la commune ou l'EPCI compétent pour créer la ZAC et le constructeur, signée par l'aménageur, précise les conditions dans lesquelles le constructeur participe au coût d'équipement de la zone. La convention constitue une pièce obligatoire du dossier de permis de construire ou de lotir. La nouvelle rédaction de l'article L. 311-4 permet à l'aménageur d'être signataire de la convention, mais sans pour autant se substituer à l'autorité compétente pour créer la ZAC.

Cette convention, constitue une pièce obligatoire du dossier de demande de PC ou d'aménager. En effet, tout constructeur qui n'acquiert pas son terrain de l'aménageur ne peut donc pas construire, si avant, il n'a pas accepté conventionnellement de payer la fraction du coût des équipements publics dont bénéficie son terrain. De façon surprenante, le Conseil d'État a jugé que le fait que le dossier de réalisation et le programme des équipements publics de la ZAC n'aient pas été approuvés, fait obstacle à la conclusion de la convention de participation (*CE, 25 oct. 2018, Cne Montreuil*).

Pour donner plus de sécurité juridique à cette pratique et raccourcir les circuits financiers, la loi *ÉLAN* permet expressément la possibilité d'un versement direct à l'aménageur ou à la personne publique à l'initiative de la ZAC, dans les cas où la convention entre la commune ou l'EPCI et le constructeur le prévoit.

De plus, l'article L. 311-5 prévoit la mise en place d'une convention de coordination de chantiers définissant les conditions dans lesquelles les propriétaires participent à l'aménagement de la zone. La convention peut être signée avec l'aménageur et les constructeurs ou avec le concédant. Elle a pour objet d'établir un cadre contractuel clair prévoyant, à titre d'exemple, les engagements du constructeur relatifs au programme de construction, à l'adhésion à un éventuel règlement de chantier et plus généralement aux prescriptions techniques, urbanistiques applicables dans la ZAC.

b) Création de la ZAC

1) Une procédure publique

La ZAC est une opération publique. Elle est donc toujours initiée par une personne publique (contrairement au lotissement) quel que soit ensuite son mode de réalisation. Elle est nécessairement menée dans un but d'intérêt général, dont la réalité est contrôlée par le juge administratif (*CE, 2 déc. 1977, Comité de défense de l'environnement Mâcon-Nord*). Il est indispensable que la ZAC soit créée par une autorité légalement compétente car l'incompétence est, en contentieux administratif, un moyen d'ordre public, l'illégalité de la ZAC elle-même en découlant automatiquement. Cette illégalité peut affecter la concession d'aménagement par application de la théorie des opérations complexes.

En vertu de l'article R. 311-1, l'initiative peut être prise par :

– ***l'État*** : les pouvoirs du préfet dans l'initiative de la création des ZAC sont réduits à deux cas seulement : il s'agit des ZAC dont l'initiative appartient à l'État (Tunnel sous la Manche), à la région, au département ou à leurs EP ou bien des ZAC situées, en tout ou partie, à l'intérieur d'une OIN. Dans ces deux cas, la ZAC est toujours créée par le préfet ;
– ***les collectivités locales*** : la ZAC est une procédure décentralisée. Le texte vise aussi bien les communes que les EPCI. Une commune peut très bien créer une ZAC si elle dispose d'un PLU, d'une carte communale, voire d'aucun document d'urbanisme. Parmi les EPCI, il faut distinguer les EPCI (compétence de plein droit pour les communautés urbaines, les communautés d'agglomération, les métropoles et si leurs statuts le prévoient, les communautés de communes et les syndicats intercommunaux), des EP d'aménagement prévus à l'article L. 321-1 à 9, les Offices publics de l'habitat, les CCI, les ports autonomes, les aéroports, tous, dans la limite de leur objet statutaire. Par exemple, une CCI peut parfaitement initier la partie équipement économique et commercial d'une ZAC multifonctions (*CE, 11 août 2009, CCI de Valenciennes*). La condition de spécialité est posée uniquement pour les EP. Le moyen tiré de ce qu'une commune ayant initié une ZAC n'aurait pas vocation à faire réaliser un golf, est donc inopérant (*CE, 13 mars 1992, Cne De Savenay c/Kerbriand*).

2) Les règles de localisation de la ZAC

Déconnectées du zonage du PLU, les ZAC peuvent être créées sur tout le territoire et non plus seulement en zone U et NA des POS. La ZAC doit, toutefois, s'analyser par rapport à deux types de règles ou documents d'urbanisme. Il s'agit des prescriptions étatiques d'abord : loi *Littoral*, par exemple (*CE, 10 juill. 2013, Cne de Vias et SFBLI* : l'illicéité d'une ZAC constitue une irrégularité de nature à entraîner l'annulation de la concession d'aménagement qui en confie la réalisation), ou la loi *Montagne*, ou encore les principes de l'article L. 101-2 et des prescriptions locales ensuite (dispositions du DOO du SCoT). En effet, la première contrainte locale réside dans le fait que la ZAC doit être compatible avec les SCoT (*CE, 8 nov. 1993, Ville de Paris ; CAA Bordeaux, 30 sept. 2008*). Les rapports de la ZAC avec le PLU ont, quant à eux, substantiellement changé, depuis la suppression du PAZ en 2000 (document d'urbanisme applicable à l'intérieur de la ZAC) remplacé par le PLU. Ainsi, la loi « SRU » avait a rabattu la réglementation de la zone sur le droit commun du PLU qui incorpore des « zones spéciales » du PLU pour les ZAC. C'est ce qui explique que dans les ZAC, le PLU peut définir un régime juridique spécifique qui précise la localisation et les caractéristiques des espaces publics à conserver, à modifier ou à créer, ainsi que la localisation prévue pour les principaux ouvrages publics, les installations générales et les espaces verts. Le PLU peut également déterminer la surface de plancher dont la construction est autorisée dans chaque îlot, en fonction, le cas échéant, de la nature et de la destination des bâtiments.

Par un avis du 4 juillet 2012 (*CE, 4 juill. 2012, n° 356221, Biglione*), le Conseil d'État s'est prononcé sur les rapports existants entre les actes précédant la création d'une ZAC et le PLU. À la question de savoir si la ZAC était complètement « déconnectée » du PLU, le Conseil d'État répond par l'affirmative. On sait que la « connexion » fut consacrée, dans un premier temps par l'arrêt *Commune de Blotzheim* (*CE, 31 janv. 2001*), jugeant que la ZAC ne devait se heurter à aucune des règles du POS existant à la date de cette création. Par revirement de sa jurisprudence, le Conseil d'État avait toutefois déjà considéré que les dispositions du règlement du PLU ou du POS applicables ne s'imposaient pas à l'acte de création de la zone (*CE, 26 juill. 2011, Sté Innov Immo*). Il confirme cette solution dans son avis de 2012, en l'élargissant, et en jugeant que « l'acte de création de la zone, la délibération approuvant le dossier de réalisation mentionnée (art. R. 311-7) et la délibération approuvant le programme des équipements publics (art. R. 311-8), (...) ne sont pas tenus de respecter les dispositions du règlement du PLU ou du POS en vigueur à la date de leur adoption. » Ce n'est qu'au stade de la délivrance des autorisations individuelles que les règles d'urbanisme devront permettre la réalisation de l'opération. Le dossier de réalisation et le programme des équipements publics peuvent donc être approuvés même s'ils ne respectent pas les règles d'urbanisme applicables.

La jurisprudence précise qu'une commune d'accueil non couverte par un PLU mais par le RNU ou la carte communale ne peut créer de ZAC en dehors des PAU de la commune. En dehors des zones urbanisées sont exclues non seulement les constructions mais aussi les opérations d'aménagement (*CAA Paris, 4 juin 2002, Cne de Carrières-sous-Poissy*). Finalement, cette jurisprudence conduit à penser que les processus d'urbanisation doivent nécessairement s'inscrire dans les choix définis par un document de planification.

c) Procédure de création de la ZAC

1) La procédure de concertation

La première étape est la conduite d'une concertation préalable associant, pendant toute la durée de l'élaboration du projet, le public, selon l'article L. 103-2 (ancien art. L. 300-2). Le principe de concertation est obligatoire pour toute création de ZAC. Celle-ci peut être organisée simultanément avec les concertations facultatives prévues pour les constructions projetées dans son périmètre dès lors que les caractéristiques de l'opération d'aménagement sont suffisamment connues dès le stade de la création de la ZAC. La concertation doit être réelle et suffisante. Autrement dit, le degré de concertation doit être proportionnel à l'envergure du projet. En revanche, les modalités d'organisation sont libres : réunions publiques, tenue d'un registre à disposition du public, présentation du projet dans la presse locale, dans le bulletin municipal, ou sur le site internet, etc. Bien entendu, les maîtres d'ouvrage doivent, sous peine d'irrégularité de la procédure, respecter les modalités fixées pour la concertation. La délibération qui arrête le dossier définitif d'un projet d'aménagement après l'instauration d'une procédure de concertation n'est qu'une mesure préparatoire insusceptible de faire l'objet d'un REP (revirement de jurisprudence consacrée par l'arrêt du Conseil d'État le 30 mars 2016 – *CE, sect., 30 mars 2016, n° 383037*). La concertation se déroule pendant toute la durée de l'élaboration du projet de création de ZAC. À l'issue de la concertation, le représentant de la collectivité en présente un bilan et l'assemblée délibérante doit donner son accord. Des modifications mineures peuvent être apportées par rapport au projet porté à la connaissance des habitants. Quel que soit le résultat de la concertation, la personne publique n'est pas tenue de suivre l'avis recueilli. Bien que la loi n'ait fixé aucun minimum, le juge contrôle le caractère suffisant de la procédure ainsi que sa durée (*CE, 13 mars 1992, Cne de Savenay c/Kerbriand*; *CAA Paris, 8 juill. 2008, Cne de Boissise-le-Roi)*. Afin de limiter le contentieux, on sait que la ZAC n'est pas illégale du seul fait des vices susceptibles d'entacher la concertation dès lors que les modalités définies par la délibération ont été respectées (*CE, 8 oct. 2012, req. n° 338760, Cne Illats*).

2) *Le dossier de création*

La personne publique initiatrice constitue le dossier qui comprend (art. R. 311-2) un rapport de présentation qui précise l'objet et justifie l'opération, décrit l'état du site et son environnement, expose les raisons pour lesquelles le projet a été retenu et précise le régime de la zone au regard de la TA. L'autre élément est constitué d'un plan de situation permettant de connaître les liens de l'opération avec l'agglomération et les équipements existants. On trouve aussi un plan périmétral de la zone et une étude d'impact (C. envir., art. L. 122-3 : suffisance de l'étude d'impact et légalité de la ZAC EuropaCity Triangle de Gonesse par la CAA Versailles, *11 juill. 2019, n° 18VE01634*).

Dans le cadre de la création d'une ZAC, l'appréciation sommaire des dépenses doit seulement inclure le coût de l'acquisition du foncier et de l'aménagement de la zone. Elle n'a pas à estimer le coût de réalisation des ouvrages qui seront ultérieurement construits dans le périmètre de la ZAC (*CE, 23 févr. 2017, n° 393282)*.

La procédure de création est simplifiée car la compétence communale en matière de ZAC, précédemment réservée aux communes disposant d'un PLU, est désormais dévolue à la commune sans précision. Le dossier est approuvé par l'organe délibérant de la personne à l'initiative de la ZAC (art. R. 311-3). Le décret du 21 mai 2019 portant application de la loi *ÉLAN* précise la procédure applicable lorsque la délibération d'approbation du PLU adopté par la collectivité ou l'EPCI « vaut également création d'une ZAC ». Le rapport de présentation doit alors comporter une description de l'existant dans le périmètre de la ZAC et le PLU devra comprendre une OAP qui réunira le schéma d'aménagement de la ZAC, ses principales caractéristiques d'organisation géographique et spatiale ainsi qu'un programme global prévisionnel des constructions et le régime applicable à la taxe d'aménagement (art. R. 151-8-1).

3) Les effets de la décision de création

La ZAC n'est pas un acte créateur de droits et peut donc être abrogée à tout moment. Elle produit néanmoins trois effets juridiques immédiats dès que les mesures de publicité ont été régulièrement accomplies. Les effets juridiques attachés à cette création ont pour point de départ l'accomplissement des formalités prévues à l'article R. 153-21, soit les actes de publicité relatifs à l'approbation du PLU (D. n° 2019-481).

Cette procédure rend tout d'abord applicable le sursis à statuer sur toute demande d'autorisation d'urbanisme pendant 2 ans. L'application de ce sursis propre aux ZAC n'est pas conditionnée par les textes. Il peut donc être opposé à tout projet qui entre dans le périmètre de la ZAC future. En outre, les propriétaires de biens immobiliers compris dans le périmètre de la ZAC peuvent exercer un droit de délaissement en mettant en demeure la collectivité bénéficiaire d'acquérir leur bien dans le délai d'un an (art. L. 230-1). Enfin, la ZAC permet de substituer à la TA un régime de participation aux dépenses d'équipements publics, négociées avec les constructeurs (art. L. 331-7). S'agissant des ZAC sur le territoire desquelles n'est pas perçue la TA, l'exonération est subordonnée à la condition que soit pris en charge par l'aménageur ou le constructeur au moins le coût des voies et des réseaux publics intérieurs à la zone, des espaces verts et des aires de stationnement correspondant aux seuls besoins des futurs habitants ou usagers de la zone (art. R. 331-6). Dans un arrêt du 3 juin 2013, le Conseil d'État a jugé que la cession gratuite de terrains demeure possible en ZAC (*CE, 3 juin 2013, n° 351612*) alors que la fin de la cession gratuite de terrain comme participation d'urbanisme (art. L. 332-6) a été prononcée par le Conseil constitutionnel (*n° 2010-33, 22 sept. 2010, Sté Esso SAF*).

■ *Réalisation de la ZAC*

a) Dossier de réalisation

Une fois la décision de création prise, la collectivité peut aborder la seconde phase, dite de réalisation (art. R. 311-7). Elle débute par la constitution d'un dossier réalisé par la personne publique initiatrice de la ZAC. La mise en œuvre de l'opération d'aménagement sur le terrain suppose la définition préalable des conditions techniques, opérationnelles et financières de la phase d'exécution des travaux. Ces différentes conditions sont obligatoirement contenues dans le dossier de réalisation qui comprend le ***programme des équipements publics*** (liste des équipements, nom du maître d'ouvrage...) ; ***le projet de programme global des constructions*** (nature des constructions et leur destination) ; ***les modalités prévisionnelles de financement*** (charges respectives de la collectivité et de l'aménageur, ainsi que les risques encourus), éventuellement des ***compléments à l'étude d'impact***. Ce dossier est approuvé par le conseil municipal (art. R. 311-7) qui devra à nouveau délibérer pour approuver de façon bien distincte le programme des équipements publics. Le Conseil d'État admet qu'un requérant puisse conclure à l'annulation de la délibération qui approuve le programme des équipements publics de la ZAC, en soulevant, à cet effet, l'illégalité de l'acte de création (*CE, 21 oct. 2019, n° 421943)*. Si l'évaluation environnementale est nécessaire au dossier de réalisation de la ZAC, celle-ci pourra être commune à celle du PLU (art. R. 151-3). Elle pourra être modifiée, si besoin, uniquement sur la ou les parties relatives à la ZAC.

b) Les modes de réalisation de la ZAC

La collectivité publique qui a pris l'initiative de créer la ZAC dispose de plusieurs possibilités pour promouvoir l'aménagement et l'équipement de la zone. Son choix dépend, en pratique, du risque financier qu'elle accepte de prendre (art. R. 311-6). Deux modes de réalisation s'offrent à l'aménageur.

1) *La réalisation directe*

La collectivité peut opter pour un mode de réalisation qui lui assure, *de jure*, la direction de l'opération. Si les services techniques et administratifs de la commune sont suffisants et le projet s'y prête, la collectivité peut choisir la réalisation directe, par le biais de la régie. Selon ce mode de réalisation, la responsabilité globale de la bonne fin de la réalisation de la ZAC porte entièrement sur la personne morale qui a pris l'initiative de la zone. Les travaux sont des travaux publics. La ZAC relevant davantage d'une logique de caractère privé, peu adapté aux méthodes de la gestion publique, il s'agit d'un mode rare de gestion des opérations d'urbanisme. Avec la loi *ALUR*, le mandat d'aménagement a fait sa réapparition, ce qui permet de redonner à cette technique, un fondement juridique explicite. Le contrat de mandat est un marché public écrit contenant des clauses obligatoires, et qui peut comprendre une ou plusieurs missions visées par l'article L. 300-3.

2) *Les concessions d'aménagement*

Le mode de réalisation le plus répandu reste est donc, dans cette logique, la réalisation concédée. L'aménageur titulaire d'une concession d'aménagement peut être maître d'ouvrage de bâtiments, si la mission lui est confiée par l'autorité concédante (L. *ÉLAN*). L'attribution de la concession peut intervenir avant la création de la zone si les objectifs et les enjeux de l'opération, son périmètre, son programme et son bilan financier ont été définis, et si le bilan de la concertation a été tiré (art. L. 300-4). Cette formulation permet de garantir des conditions sérieuses de mise en concurrence des aménageurs, tout en simplifiant l'usage de la ZAC par les collectivités. Par une décision du 12 novembre 2015, le Conseil d'État a précisé les modalités du contrôle de la procédure d'attribution d'une concession d'aménagement et constate que l'offre retenue par la personne publique diffère à plusieurs égards du document de programme contenu dans le règlement de la consultation, à partir duquel les candidats avaient remis leur offre. Il considère que ces modifications intervenues au stade de la signature de la convention portent ainsi atteinte aux règles de publicité et de mise en concurrence (*n° 386578*).

On se souvient que la Commission européenne voyait d'un très mauvais œil notre ancien système de conventions publiques d'aménagement, l'attribution de ces conventions complexes échappant à toute forme de mise en concurrence et protégeant les SEM et les EP qui les passaient (L. *Sapin*, 29 janv. 1993). La Commission avait d'ailleurs ouvert contre la France une procédure d'infraction pour violation du droit communautaire des marchés publics en engageant une procédure de manquement (finalement classée) et adressé un avis motivé le 5 février 2004 contestant la compatibilité avec le droit communautaire des dispositions du Code de l'urbanisme.

Cette position traditionnelle de la France est devenue sous la pression des instances communautaires et du juge national de moins en moins justifiable. Ainsi, la CAA de Bordeaux a-t-elle fini par rejeter cette solution, considérant que les conventions d'aménagement devaient être soumises aux principes fondamentaux du droit communautaire (*CAA Bordeaux, 9 nov. 2004, SODEGIS*). Ce faisant, la Cour condamnait toutes les conventions d'aménagement antérieurement conclues. Or, pour « couvrir » ces irrégularités, l'article 11 de la loi du 20 juillet 2005 est venu valider rétroactivement les conventions en cours conclues sans publicité ni mise en concurrence. Finalement, il a été jugé que la validation législative ne pouvait couvrir les irrégularités de mise en concurrence des conventions conclues avant 2005 (*CAA Versailles, 12 mars 2009*).

Tirant les conséquences de ces dernières évolutions, le législateur français avait modifié le régime des conventions d'aménagement par la loi n° 2005-809 du 20 juillet 2005 et le décret 2006-259 du 31 juillet 2006 mettant fin au conflit entre le gouvernement français et la Commission. En effet, selon l'article L. 300-4, il était désormais énoncé que « l'attribution des concessions d'aménagement est soumise par le concédant à une procédure de publicité permettant la présentation de plusieurs offres concurrentes dans des conditions prévues par décret ».

Les modalités pratiques de la réforme ont d'abord été décrites dans le décret du 31 juillet 2006. Or, ce décret a pu paraître, à son tour, litigieux. Le gouvernement a rapidement reconnu qu'une modification du décret de 2006 s'avérait nécessaire. Par ailleurs, le juge communautaire avait jugé dans l'arrêt *Auroux* qu'une convention d'aménagement signée entre une collectivité et une SEM pouvait être qualifiée dans certains cas de marché public (*CJCE, 16 janv. 2007, Auroux*) et renforcé le scepticisme de la doctrine quant à la compatibilité du décret de 2006 avec le droit communautaire. Le décret du 22 juillet 2009, a eu pour objectif de tirer les conséquences de l'arrêt *Auroux*, en réécrivant le dispositif réglementaire. Plus récemment, l'ordonnance du 29 janvier 2016 et son décret d'application ont procédé à une « révolution de velours » conférant des habits neufs au droit des concessions (art. L. 300-4 à L. 300-5-2).

L'ordonnance du 29 janvier 2016 relative aux contrats de concession, prise sur le fondement de la loi *Macron* du 6 août 2015, est venue, de fait, poser les bases d'un socle juridique commun aux contrats de concession, mettant fin au vide juridique caractérisant jusqu'alors les concessions de services. C'est d'ailleurs à leur profit que s'efface la notion de délégation de service public, le texte supprimant la dualité des régimes juridiques internes relatifs aux concessions de travaux et aux délégations de service public, rendus obsolètes par la directive 2014/23/UE. De son côté, le décret du 29 janvier 2016 prévoit les règles procédurales particulières, adaptées en fonction de la valeur du contrat ou de son objet, conciliant ainsi exigences européennes et acquis du droit interne (art. R. 300-4 à R. 300-13). De la sorte, le droit des concessions a été modernisé par la mise en cohérence des outils contractuels opérée avec le droit de l'Union européenne et l'assouplissement du régime de la modification des contrats en cours d'exécution.

c) Les étapes de réalisation de la ZAC

1) La maîtrise des terrains

La réalisation de la ZAC conduit, en général, l'aménageur à acquérir l'ensemble des terrains inclus dans le périmètre de la ZAC afin de faciliter le remodelage parcellaire et de permettre la réalisation des équipements publics. Mais il n'existe aucune obligation légale car les ZAC à maîtrise foncière partielle sont toujours possibles (confirmé encore par la *CAA Paris, Cne de Boissise-le-Roi)*. L'acquisition des terrains peut être entamée avant la création de la zone. La personne publique à l'initiative de la ZAC fait entrer, au préalable, les terrains d'assiette dans son patrimoine, au titre des réserves foncières. Cette acquisition intervient soit à l'amiable, soit par voie de préemption ou, le cas échéant, par expropriation (*il s'agit de procédures indépendantes : CE, sect. 11 juill. 2011, Sté Équipement Département Maine et Loire*), étant précisé que si l'administration est tenue de solliciter l'avis du service des domaines, elle n'est pas pour autant obligée d'annexer cet avis au dossier (*CE, 21 juin 2018, n° 400079*). L'acquisition peut également intervenir par l'exercice du droit de délaissement par le propriétaire, en cas de sursis à statuer (art. L. 311-2), sachant que la publication de l'acte créant une ZAC est désormais suffisante pour prendre une décision de sursis. Dans le régime de la ZAC, l'institution d'une zone n'entraîne pas automatiquement un droit de préemption au bénéfice de la puissance publique. La ZAC doit donc faire appel à des techniques juridiquement indépendantes, détachées de la ZAC proprement dite (ZAD, DPU, DUP).

2) Réalisation des travaux d'équipement

Il résulte de l'article L. 311-1 interprété par le juge administratif dans *Commune de Chamonix*, qu'il faut réaliser des équipements « significatifs ». L'aménageur procède à la mise en état des sols (démolition, déblais...). Les équipements d'infrastructures sont généralement répartis de la manière suivante : la viabilité primaire (équipements reliant la ZAC à l'extérieur) est réalisée par la collectivité publique qui en assurera la gestion ; la viabilité secondaire (voies à l'intérieur de la zone, espaces collectifs), reste elle à la charge de l'aménageur ; enfin, la viabilité tertiaire (voies de desserte des immeubles) est assurée par les constructeurs. Concernant les équipements de superstructures (scolaires, culturels, sportifs), ils sont réalisés par les collectivités publiques qui en assureront la gestion.

3) La cession des terrains équipés

La cession par l'aménageur des terrains équipés constitue la finalité économique de l'opération. Il importe que la cession intervienne rapidement afin de limiter les frais financiers de l'opération. Une fois la convention signée, l'aménageur est seul juge du moment le plus propice pour procéder à la commercialisation des terrains. Le code impose la constitution d'un cahier des charges de cession de terrains (art. L. 311-6). Il doit indiquer le nombre de m^2 de surface de plancher autorisé sur la parcelle cédée. Il peut aussi fixer des prescriptions techniques, urbanistiques et architecturales imposées pour la durée de la réalisation de la zone. Il est approuvé lors de chaque cession par l'autorité à l'origine de la création de la zone et devient caduc à la date de la suppression de la ZAC. Cette approbation lui confère un caractère réglementaire, ce qui le rend opposable aux demandes de PC et d'aménager. Le nouvel article D. 311-11-1 apporte des précisions quant à la publicité des cahiers des charges expressément approuvés même si la loi *ÉLAN* permet à l'autorité administrative créatrice de la ZAC de s'exonérer de l'approbation du CCCT (art. L. 311-6). La cession des terrains se réalise en deux temps : signature d'un compromis de vente et réitération de l'accord devant notaire par la signature d'un acte authentique.

■ *La vie de la ZAC*

Très liées aux fluctuations économiques, les évolutions en matière d'aménagement sont fréquentes. La ZAC doit pouvoir évoluer. La procédure de modification de la ZAC est calquée sur celle de la création (art. R. 311-12). Par ailleurs la personne publique initiatrice ne peut, en effet, laisser subsister une opération achevée ni se désintéresser d'une opération inachevée. La suppression est l'unique procédure mettant fin à l'existence de la zone (art. R. 311-12). Il suffit que celle-ci soit prononcée sur proposition ou après avis de la personne publique initiatrice, avec pour seule condition d'apporter les justifications à cette suppression (motifs d'intérêt général). Celle-ci peut être prononcée à tout moment puisque la décision de création d'une ZAC n'a pas le caractère d'un acte créateur de droits. Cette suppression entraîne alors la résiliation de la convention ; elle est prononcée dans les formes prescrites pour sa création. Si la ZAC avait été exclue du champ d'application de la TA, cette dernière est alors rétablie de plein droit. Enfin, les cahiers des charges deviennent caducs à la date de la suppression de la zone (art. L. 311-6). Pourtant, la Cour de cassation a jugé que la caducité des cahiers des charges des ZAC « ne fait pas obstacle à ce que les stipulations de ces cahiers des charges continuent de régir, en raison de leur caractère contractuel, les rapports entre les propriétaires qui y ont consenti ». Même après la suppression de la ZAC, le cahier des charges peut donc continuer à s'appliquer (*Cass. 3e civ., 4 mars 2021, n° 19-22987*). La décision qui supprime la zone ou qui modifie son acte de création fait l'objet des mesures de publicité et d'information édictées par l'article R. 311-5.

FSC www.fsc.org MIXTE Papier issu de sources responsables FSC® C022829

Imprimé en France par La Nouvelle Imprimerie Laballery, 58500 Clamecy

Ce produit est composé de matériaux issus de forêts bien gérées certifiées FSC® et d'autres sources contrôlées.

Imprimeur certifié

IMPRIM'VERT®

Achevé d'imprimer en août 2021
Numéro d'impression : 108355
Dépôt légal : août 2021